日本管理会計学会
企業調査研究プロジェクト シリーズ No.8

# 実態調査からみた国際管理会計

宮本 寛爾 編著

税務経理協会

## 日本管理会計学会　企業調査研究プロジェクト
### 国際管理会計専門委員会　共同研究者一覧

委員長　宮　本　寛　爾（大阪学院大学教授）

　　　　小　菅　正　伸（関西学院大学教授）

　　　　朝　倉　洋　子（関西外国語大学准教授）

　　　　木　村　麻　子（関西大学准教授）

　　　　坂　手　啓　介（大阪商業大学准教授）

　　　　髙　原　利　栄　子（近畿大学准教授）

　　　　富　田　真　史（公認会計士）

　　　　豊　田　尊　久（日本スピンドル製造株式会社）

## 企業調査研究委員会本部委員長からのご挨拶

　本書は，日本管理会計学会が実施している企業調査研究プロジェクトの成果の一環を公刊したものです．

　本学会は1987年に学術研究団体として創設された日本数理会計学研究会（1989年に日本数理会計学会に名称を変更）を母体として1991年に設立され，21世紀の初頭には日本学術会議法に基づく会計学関連学会のなかで規模においても有数の学会の一つにまで進展してまいりました．

　本研究プロジェクトは，2000年11月の本学会の常務理事会において実施することが決定され，片岡洋一本学会理事長（当時）を委員長とする「企業調査研究委員会本部」が組織され，そのもとで研究領域別・テーマ別に研究を実施する専門委員会が設置されることになりました．

　本研究プロジェクトは，わが国の主要企業および特徴のある企業の管理会計と経営管理の実務の現状を総合的・包括的に調査・研究し，その実態を解明することにより，企業の再生の条件を科学的・実証的視点から探求することを主たる目的としており，広く管理会計および経営管理の実用的な理論と技法を提案することを意図しております．

　本研究プロジェクトは，当初は本学会の創立10周年（2001年）を記念する事業として企画され，3年程度で完結させる予定でした．しかしその後，31という多数の専門委員会が組織されましたので，それぞれが独自の研究計画のもとで研究を開始し，必要にして十分な研究期間にわたって研究を実施し，完了した段階で，順次，研究成果を専門書のシリーズとして公表する方式に切り替えることにし，本研究プロジェクトを長期にわたり継続させる方針を採ることにいたしました．

　研究の具体的な遂行にあたっては，「企業調査研究委員会本部」のもとに

「総括委員会」（委員長　原田　昇教授）を置き，本研究プロジェクトの全体を総括し推進する業務を委任しております．各専門委員会の研究成果は「企業調査研究委員会本部」により監修，編集および査読され（本書末尾掲載「監修・編集の方針と基準」参照），「同本部」の依頼により印刷され，刊行されます．したがって，出版社から発注される通常の専門書の印刷とは全く異なる方式で出版されます．本書も以上述べた手続きを経て出版が決定されました．

　本研究プロジェクトの遂行にあたっては，計画段階より倉重英樹氏（本学会前副理事長，㈱RHJIインダストリアル・パートナーズ・アジア　代表取締役社長）および中根　滋氏（本学会前常務理事，UWiN株式会社　代表取締役社長兼CEO）より格別のご厚意をもって研究助成を頂きました．このおふた方のご尽力が無ければ本研究プロジェクトは今日存在しえなかったといえます．ここに深く御礼を申し上げます．

　さらに目白大学の佐藤弘毅理事長・学長には，2002年から強力なるご支援とご協力を頂きました．ここに深甚な謝意を表します．

　本研究プロジェクトの研究成果を逐次刊行して市販していただくにあたり，税務経理協会の大坪嘉春社長および書籍企画部峯村英治部長には格別のご配慮を頂きました．本書の印刷については株式会社冨山房インターナショナルの坂本嘉廣会長に特別にご協力を頂きました．これらの方々に心よりの感謝の意を表する次第です．

　2011年8月1日

　　　　　　　　　　　　　　　　　　日本管理会計学会　会　長（1991～1999）
　　　　　　　　　　　　　　　　　　　　　　　　　　理事長（1999～2005）
　　　　　　　　　　　　　　　　　　企業調査研究委員会本部委員長

　　　　　　　　　　　　　　　　　　　　　　　　片　岡　洋　一

# 序　文

　本書はわが国の電機企業の3社をインタビュー調査し，それを中心に，それらの企業の国際事業活動の発展とそれに伴う組織構造，経営管理，および管理会計（特に，国際管理会計）の変遷を研究し，わが国企業の国際管理会計の実態の一端を明らかにしている．

　本書は第1部と第2部から構成されている．

　第1部においては，国際管理会計システムは，企業の戦略，そのもとで展開される組織構造，および経営管理に適合して構築されることを前提に，国際管理会計の諸概念を論述している．

　第1章では，国際管理会計システムが設定される前提として，組織構造について論述している．国内企業が多国籍企業そしてグローバル企業へと変遷するとき，組織構造および情報システムはともにそれに伴って変化している．すなわち，組織構造と責任関係の変化は情報システム（管理会計システムを含む）の変化を必要とするからである．

　第2章では，世界的に経営活動を遂行する企業の採るべき戦略としてのトランスナショナル戦略について考察し，それを実行するのに有用な経営管理手法，および国際管理会計システム，およびそれによって提供される管理会計情報について論述している．国際管理会計システムの価値は，それが企業の戦略およびマネジメントの遂行に提供している情報の有効性により判断される．企業がトランスナショナル戦略を採用しているとき，その企業はグローバルな規模の経済の効率，現地市場のニーズへの適応化，および学習効果の全世界向けの移転を同時に達成しようとしているのである．トランスナショナル戦略企業は経営資源の配分とそれにより専門化した組織単位を結びつける統合ネットワークを構築することとなる．ここに，国際管理会計システムは本社から海外事業体へ，海外事業体から本社へ，海外事業体相互間で有効な会計情報を適時に，適

所に伝達することが欠かせないのである．この国際管理会計情報の代表的なものとして，多通貨会計情報，グローバル企業における予算管理に必要な会計情報，およびグローバル企業における測定単位としての合成通貨による会計情報について論述している．

第2部においては，わが国企業の国際管理会計の実態の一端を明らかにするべく，わが国電機企業3社の国際管理会計の実態を調査研究した成果を論述している．わが国の電機企業3社の発展の歴史を辿り，戦略の変遷とそれに伴う組織構造，経営管理，および国際管理会計の内容の変遷をできるだけ忠実に記述している．かかる研究を基礎に，現在の戦略がいかに策定され，いかに実行され，マネジメントされているかを，インタビュー調査により確認し，3社の現在の国際管理会計を明らかにしている．さらに，3社の国際管理会計の特徴を明らかにしている．

第3章では，松下電器産業株式会社の国際管理会計の実態を調査研究している．松下電器産業(株)は創業者である松下幸之助氏が1932年に採用した，わが国で最初の事業部制により経営管理を行うことによって発展した．第二次世界大戦前にすでに海外事業活動を行っていたが，敗戦によって企業の存続も困難な時を経て，グローバル企業へと発展した．その発展に伴う戦略，組織構造，経営管理，および管理会計の変遷の歴史を調査し，これを基礎としてインタビュー調査を行い，現在の国際管理会計の内容を明らかにしている．

第4章では，1912年設立のシャープ株式会社の国際管理会計の実態を調査研究している．シャープ(株)は創業者の早川徳次氏のシャープ・ペンシルの発明をはじめ，国産第1号のラジオ，テレビ，世界初の電卓や液晶ディスプレイの商品など，常に新しい分野を切り開いてきた．シャープの経営理念である「オンリー・ワン商品の創出」の実現とそのための戦略，経営管理，および管理会計の変遷の歴史を調査し，これを基礎としてインタビュー調査を行い，現在の国際管理会計の内容を明らかにしている．

第5章では，三洋電機株式会社の国際管理会計の実態を調査研究している．三洋電機(株)の創業者である井植歳男氏の付けた社名は，「三洋」，すなわち太

平洋，大西洋，インド洋の3つの海に繋がる国々，いわゆる全世界を表し，世界を相手に人間・技術・サービスを3本の柱として進んで行うとするもので，世界を相手に仕事をすることを目指した創業者の思いが込められている．1947年の創業後，1949年には海外取引が開始され，その後，海外取引は順調に増加している．ここでの戦略，経営管理，および管理会計の変遷の歴史を調査し，これを基礎としてインタビュー調査を行い，現在の国際管理会計の内容を明らかにしている．

　第6章では，第3章，第4章，および第5章で論述しているわが国電機企業3社の国際管理会計を比較し，検討することにより，各社の国際管理会計の特徴を明らかにしている．また，国際管理会計実務の調査研究に関して残された課題を述べている．

　最後に，本書は，日本管理会計学会の企業調査研究プロジェクトにおける国際管理会計専門委員会による研究成果である．なお，本書の調査研究の対象とさせて頂いたわが国電機企業の松下電器産業株式会社，シャープ株式会社，および三洋電機株式会社のインタビューに応じて頂いた方々に心から感謝を申し上げる．また，本書の出版を可能にした日本管理会計学会企業調査研究プロジェクト委員長である片岡洋一教授に心から感謝の意を捧げる．

　なお，本書の原稿は2007年3月に「企業調査研究委員会本部」に提出いたしましたが，校正が2011年7月末に㈱冨山房インターナショナルより送られてきましたので，実態調査の資料が2007年3月末までとなっており，その後についての研究は行われていないことを前提に出版させていただきます．

2011年10月25日

日本管理会計学会
国際管理会計専門委員会
委員長　宮本寛爾

# 目　次

## 第 1 部　国際管理会計の諸概念

序　文　………………………………………………………………………… i

### 第 1 章　グローバル企業の戦略と組織構造　　（宮本寛爾）3

§ 1　グローバル企業の管理会計システム ………………………… 3
§ 2　国内企業の国際事業活動 ………………………………………… 4
§ 3　国際事業部構造 …………………………………………………… 5
§ 4　グローバル構造組織 ……………………………………………… 8

### 第 2 章　グローバル企業の経営管理と国際管理会計　　（宮本寛爾）19

§ 1　トランスナショナル戦略 ………………………………………… 20
§ 2　トランスナショナル戦略と国際管理会計システム ………… 23
§ 3　国際管理会計情報 ………………………………………………… 27

## 第 2 部　国際管理会計の実態

### 第 3 章　松下電器産業株式会社の国際管理会計　　（木村麻子）（豊田尊久）45

§ 1　松下電器産業株式会社の概要 ………………………………… 45
§ 2　組織構造と経営管理 ……………………………………………… 54
§ 3　海外事業活動の経営管理 ………………………………………… 69

§4　グローバル連結経営と国際管理会計情報 …………………………………… 77
　　§5　まとめ ………………………………………………………………………………… 81

第4章　シャープ株式会社の国際管理会計　　　（朝倉洋子）
　　　　　　　　　　　　　　　　　　　　　　（髙原利栄子）85
　　§1　シャープ株式会社の概要 ………………………………………………………… 85
　　§2　戦略と組織構造 …………………………………………………………………… 106
　　§3　国際戦略と国際管理会計 ………………………………………………………… 122

第5章　三洋電機株式会社の国際管理会計　　　（坂手啓介）
　　　　　　　　　　　　　　　　　　　　　　（富田真史）131
　　§1　三洋電機株式会社の概要 ………………………………………………………… 131
　　§2　戦略と組織構造 …………………………………………………………………… 139
　　§3　国際戦略と国際管理会計 ………………………………………………………… 151
　　§4　むすび ……………………………………………………………………………… 162

第6章　国際管理会計の課題と展望　　　　　　　（小菅正伸）165
　　§1　はじめに …………………………………………………………………………… 165
　　§2　グローバル戦略実行支援のためのマネジメント ……………………………… 166
　　§3　調査結果の総括──3社の比較と問題点── ………………………………… 171
　　§4　国際管理会計実務の調査研究に関して残された課題 ………………………… 178
　　§5　国際管理会計の展望──むすびに代えて── ………………………………… 181

索　引 …………………………………………………………………………………………… 187

監修・編集の方針と基準 ……………………………………………………………………… 191

# 第1部

## 国際管理会計の諸概念

# 第1章　グローバル企業の戦略と組織構造

大阪学院大学　宮　本　寛　爾

## §1　グローバル企業の管理会計システム

　グローバル企業の管理会計システムはその戦略，そのもとで展開される組織構造，および経営管理プロセスに適合して構築されることが必要である．このことは，G. G. Mueller らの次のような見解からも明らかである．
　「多国籍企業の会計情報システムの設計者は，① 当該組織の性質と目的，② 組織構造，③ 分権化／集権化の程度，④ 企業の規模，⑤ 海外子会社に対する経営管理者の考えと態度を理解し，これらの要因に適合する会計情報システムを構築しなければならない」（Mueller, G. G. et al., 1987）．
　また，J. S. Arpan らもこれらに関して，次のように述べている．すなわち，
　「国内企業が多国籍企業に変わるとき，組織構造と情報システムはともにそれに伴って変化する．組織構造と責任関係の変化および国際的諸活動の金額上の増加と複雑化の増大とは，情報システムの変化を必要とする．全情報システムは情報が適時に，適所に，適切な人に流れるように再評価され，修正されねばならない．情報の過負荷を避けるために関係のない情報を除くことが必要である．かくして，情報と組織構造の対応関係が定期的に吟味され，必要なときに修正されねばならない」（Arpan, J. S. et al., 1981）．
　しかるに，管理会計とは経営管理に役立つ情報をそれに携わる各階層の経営管理者に提供する情報システムであるので，グローバル企業の管理会計の研究

において，グローバル企業の戦略と，そのもとで展開される組織構造についての理解を欠くことはできない．そこで，本章では，グローバル企業の管理会計の基礎的概念を考察する前提として，グローバル企業の戦略と，そのもとで展開される組織構造について論及することとする．

なお，本書で使われている「グローバル企業」あるいは「グローバル化」という用語の内容について論述しておくこととする．

グローバル企業あるいはグローバル化という用語は，T. Levittの1983年の論文において，「世界中の消費者の嗜好および製品の選好で均質化し，単一化した市場」(Levitt, T., 1983) の意味で使われて以来，一般化したが，グローバル化という用語の内容には混乱が見られる．すなわち，この用語は，一方では，すべての世界市場で完全に標準化された戦略を採用している企業だけを記述するために使われていた．他方では，国内市場の外に拡大しはじめる企業を記述するために使われていた．

国内企業が国際企業へと発展するにつれ，企業に対する内的圧力，および外的圧力は，その組織構造にプレッシャーを与えることとなる．ある管理者に委譲されている権限および課せられている責任が他の管理者に移され，新たな管理者に新たな権限が委譲され，責任が課せられる．組織の管理者に対する権限と責任が変わるとき，報告およびコミュニケーションの流れは変化することとなる．さらに，委譲される権限および責任の範囲は，企業の規模が大きくなり，地域的に拡大し，製品種目が多角化するにつれ，変化する．また，各国の文化，社会，政治，経済の環境が変化するにつれ，新しい機会が生まれ，脅威が生じ，企業はその組織構造を絶えず発展させている．変化する環境に組織構造を適応させなければ，内部対立が生じ，業績を悪化させることとなる．また，内部対立と業績悪化は組織再編への圧力となる．

## §2　国内企業の国際事業活動

企業の国際事業活動は，多くの場合，その当初は輸出が中心であり，次第に

海外での製品の生産，および販売へと発展していく．このような国際事業活動の発展に伴い，企業の組織構造もそれに適合する形態へと変化していくのである．

事業活動の中心が国内市場である企業が，海外市場の潜在性に気づき，その市場に進出する場合，海外販売を担当する輸出部が設けられる．D. F. Channon らによれば，輸出部が設立される場合，企業の組織構造が職能別組織であるか，事業部制組織であるかにより，輸出部の組織における地位は異なるものとなる（Channon, D. F. with Jalland, M., 1979）.

職能別組織の企業が輸出部を設立する場合，販売部の下に国内販売部と並列に海外販売部としての輸出部が設けられる．一方，製品別事業部制を採用している企業が輸出部を設立する場合，製品事業部と並列に輸出事業部が設けられる．それは，各製品事業部が海外販売の専門家を有し，それぞれ別々に輸出業務を行うよりも，集権的に輸出業務を行う方が企業全体としては効率的だからである．輸出事業部は製品事業部と同様にプロフィット・センターとして管理されることとなる．

## §3　国際事業部構造

海外市場での取引が増加してくると，企業は海外投資，特に生産設備への投資を行うようになる．海外投資の初期の段階では，海外投資の収益性が通常，高いので，海外事業体に派遣された従業員が自律的に経営を遂行することが期待されるため，本社とは利益の送金という関係以上のものを持たないのが一般的である（Hulbert, J. M. et al., 1980）.

J. M. Hulbert らや S. M. Davis によれば，海外事業体の管理者は当該事業を自律的に経営し，独自に学習することにより，事業活動を改善する．管理者は当該事業活動のすべての報告を本社の最高経営者に直接行うのである．このような構造を直接報告構造と称している（Hulbert, J. M. et al., 1980. Davis, S. M., 1976）．海外事業単位の評価は本社経営管理者の現地視察などによる直

接面談による人的基準で行われるのが一般的である．

　海外事業体が増加すると，海外事業体の管理を集権的に行うための国際事業部（international division）が設けられることとなる．S. M. Davis は海外製造子会社を 4 社以上有する米国の多国籍企業は国際事業部を設けるケースが多いという調査結果を報告している（Davis, S. M., 1976）．

　国際事業部は，図表 1 - 1 のごとく，事業部スタッフを有し，国内の製品事業部と並列に設けられ，すべての報告書を最高経営者に直接提出する．国際事業部は輸出やライセンス活動に対して責任を負い，海外事業体の活動に対して，直接あるいは間接的会計責任を負っているのである（Robock, S. H. et al., 1977）．

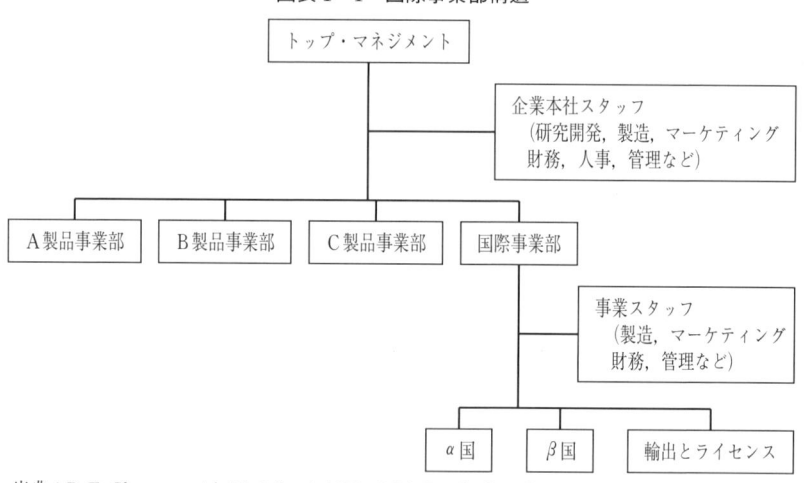

図表 1 - 1　国際事業部構造

出典：D. F. Channon with M. Jalland, 1979. J. M. Stopford et al., 1972. S. H. Robock et al., 1977.

　国際事業部の役割の一つは，海外事業体の事業活動間の調整を行うことである．この調整により，多国籍企業は各海外事業体が自律的に事業活動を行うよりも，企業全体として高い業績を上げることが可能となるのである（Robock, S. H., Simmonds, K., and Zwick, J., 1977）．これによって海外事業活動に関する意思決定権限は国際事業部に集中することになる．しかし，国際事業部はこ

のような集中管理を行うに十分な能力を有しているとはいえない（Stopford, J. M. and Wells, Jr., L. T., 1972）．

　各海外事業体の所在地国は，それぞれ特有の環境要因を有している．本国の国際事業部管理者は，現地環境要因についての理解が乏しい，現地環境を熟知している現地管理者の方が，現地事業体の事業活動について最善の意思決定を行える．さらに，競争優位を維持するには環境の変化への素早い対応が欠かせないが，国際事業部が海外事業活動に関する意思決定を集権的に行う場合，海外事業体の環境の変化への反応は，現地の競合者よりも遅くなることとなる．

　海外事業活動の管理において，どの程度の集権管理と分権管理が行われるのが適切であるかは，職能の種類，製品の特性，国際事業部の有する専門知識の程度，および海外事業活動に関する問題を国際事業部に伝達する時間などによるのである．一般的に，比較的安定した技術および市場で，限定された種目の成熟した製品を生産，販売している企業は，環境の変化の激しい技術のもと，多品種の製品を生産し，多くの異なる市場で販売している企業よりも集権管理される傾向がある（Robock, S. H. et al., 1977）．

　企業の事業活動に占める海外活動の割合が増加するにつれ，国際事業部はその目的を達成することが困難となる．この状況について，S. H. Robock らおよび D. F. Channon は，次のように述べている．

　「国際事業部は，通常，研究開発および製造技術のスタッフを持たず，各製品事業部の援助を受ける．各製品事業部の業績は国内事業活動のみにより評価されるので，海外事業活動のために時間と労力を使うことを好まなくなり，国際事業部は協力を得にくくなるのである．また，資本予算の編成や国際振替価格の設定において，国際事業部と各製品事業部との間で利害の対立が生ずることとなる」（Robock, S. H. et al., 1977. Channon, D. F. with Jalland, M., 1979）．

　国際事業部と各製品事業部とのこのような対立を解決するために，国際事業活動と国内事業活動との統合を可能とする新たな組織再編が必要となる．ここに登場するのが，グローバル構造（global structure）組織である．

## §4 グローバル構造組織

グローバル構造には，地域別グローバル構造（global geographic structure），製品別グローバル構造（global product structure），職能別グローバル構造（global functional structure），混合グローバル構造（global mixed structure），およびグローバル・マトリックス構造（global matrix structure）などがある（宮本寛爾，1989）．

### 4.1 地域別グローバル構造

国際事業部の規模が，最も大きい規模の製品事業部と同程度まで大きくなると，企業は地域別事業形態のグローバル構造に組織変更する．これにより，国際事業部構造が国内事業を重視することによって見落としていた，海外事業に内在する機会あるいは脅威を見落とさないようにしようとするのである（Stopford, J. M. et al., 1972）．

地域別グローバル構造では，事業活動に対する第一の責任を地域管理者が負っており，各地域管理者は特定地域の全ライン職能の責任を負い，そして地域内のすべての事業活動の調整者としての機能を果たす．この地域事業部の構造には多くの変形があり，特定化することはできないが，図表1-2はその一例である．なお，企業全体としての戦略的計画，および統制に対する責任は，企業本社に保持されている．

例えば，日本の企業が，国際事業部から地域別グローバル構造に組織変更するとき，日本市場は，世界市場の中の一つの地域事業部となり，北米事業部，南米事業部，欧州・アフリカ事業部，中国事業部，東南アジア事業部などの地域事業部が設けられ，それぞれの地域事業部は，その地域内のすべての職能上の権限を委譲され，責任を負い，地域内の事業活動の調整を行うのである．

地域別グローバル構造は製品種目が限定され，成熟した事業に適合する形態である．成熟した事業は製品寿命の末期にある国内市場よりも事業成長の潜在

図表1-2 地域別グローバル構造

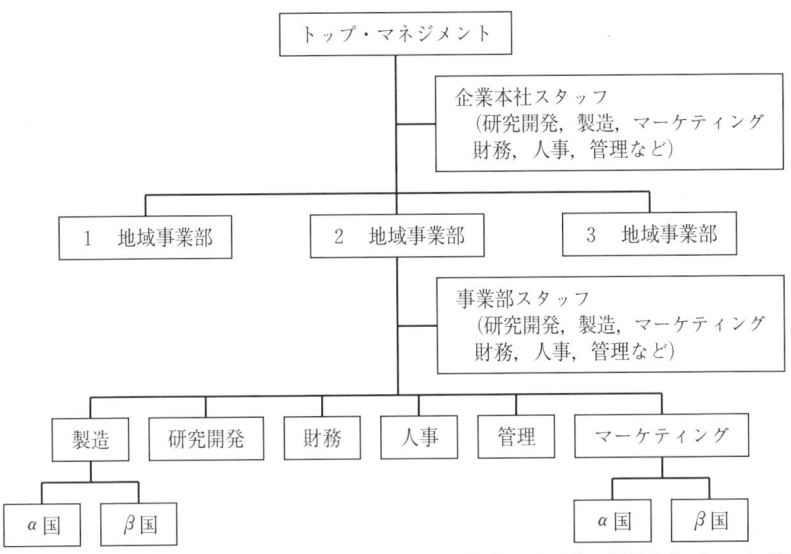

出典：D. F. Channon with M. Jalland, 1979. J. M. Stopford et al., 1972. S. H. Robock et al., 1977.

性の大きい海外市場を重視する．このため，現地の状況，諸制約，および顧客の選好についての詳細な知識を必要とし，さらに，製造技術およびマーケティング技法などの世界的な標準化によるコスト削減により，現地市場での競争優位を享受しようとする（Davis, S. M., 1976）．

　この地域特性と世界的標準化とは，ときには，両立し得ない．しかし，地域別グローバル構造の主たる利点は，地域や現地市場の特性を明らかにし，各市場に適切な変形を見い出すことが可能だということである．

　国際的規模での生産の合理化あるいは統合化により，製造原価を低減したい企業にとって，地域別グローバル構造は適している．地域事業部にはその全体利益の最大化の観点から，どの製品を地域内のどの国の事業体で生産するかの決定や，製品および部品などについての事業体間での国際振替価格の決定が必要となる．このような意思決定の問題に関しては，海外事業体間に対立が生じるので，地域事業部管理者は，関係する海外事業体の管理者との協議により，海外事業体間の調整を行うこととなる．

海外事業体の業績評価には，地域事業部全体の業績への貢献度により評価されるコントロール・システムが開発され，海外事業体管理者は地域事業部利益に貢献するように動機づけられている．また，親会社のマーケティング技法は，各海外事業体では，当該現地状況に適応されなければならない．この適応を行う海外事業体管理者の能力は，当該事業体の高業績にとって欠くことができない．海外事業体管理者には，現地適応化に関する意思決定権限がすべて委譲されている（Stopford, J. M. et al., 1972）．

しかし，この構造には，新製品についての知識や製造技術を一国から他の国へ移転すること，および，生産国から世界の全市場への製品の流れを最適化させる製品別の世界的視点からの管理には適さないという欠点がある（Robock, S. H. et al., 1972）．

### 4.2 製品別グローバル構造

製品種目を多角化している企業は，国際事業部と製品事業部の対立を解決するために，製品別グローバル構造に組織変更している．

製品別グローバル構造は，図表1-3のごとく，製品事業部管理者が特定製品の研究開発，製造，マーケティングなどについて世界全体の責任を負っており，特定地域内の異種製品種目間の調整は，企業本社スタッフの地域専門家によって行われている．なお，企業全体としての全世界目標と戦略は企業本社で設定され，このガイドラインに基づき，各製品事業部の計画は，企業のトップ・マネジメントにより検討され，承認されるのである（Stopford, J. M. et al., 1972）．しかし，製品事業部の管理者は，世界全体の観点から，当該製品に関するあらゆる活動を計画し，統制する責任を負う代表者である．

この構造が採用されるのは，製品の多角化が進み，各製品がそれぞれ異なる最終消費者市場で販売され，高度の技術が必要とされ，そして高い輸送費と高い関税などの制約のため，製品の現地生産が要求されている状況にあるときである（Stopford, J. M. et al., 1972）．また，現地製品市場についての知識や現地市場に合わせた製品調整の必要が限られており，共通のマーケティング技法

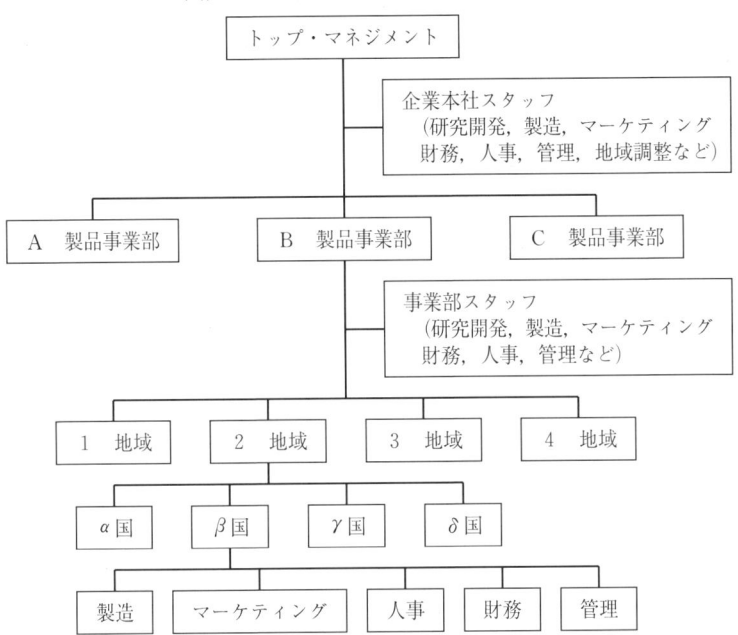

図表1-3 製品別グローバル構造

出典：D. F. Channon with M. Jalland. 1979. J. M. Stopford et al., 1972. S. H. Robock et al., 1977.

や販売経路，販売促進法を採用する必要がほとんどない場合である（Channon, D. F. with Jalland, M., 1979）．

　しかし，この構造に内在する問題は，特定製品に関して世界的責任を負っている製品事業部管理者が，ほとんど国内に限定された経験しか持っていない製品専門家であることである（Robock, S. H. et al., 1977）．別言すれば，事業部管理者は国内事業における製品専門家であり，国際事業活動で生ずる新しい問題を処理する経験や能力をほとんど持っていない場合が多く，製品事業部管理者が国際事業活動で生ずる問題を円滑に解決することが困難となるということである．

　この構造に内在するもう一つの問題は，特定地域内の異なる製品事業部の活動を調整することが困難であることである．例えば，同一地域内のある製品事業部の稼働率が低く，稼働率を上げることにより損失を回避することができる

状況にあり，他の製品事業部が増設による増産計画をしている場合，両事業部とも他の事業部のニーズを知らないこととなる．このため，稼働率が低い製品事業部の経営能力を利用し，損失を回避する機会を失うこととなるのである．

### 4.3 職能別グローバル構造

職能別グローバル構造は，製品が極めて安定している企業の，国際事業部構造に対する代替構造であり，ヨーロッパ企業に多く採用されている．本社の責任部門は製造，マーケティングや財務などの職能別に組織され，それらの部門の長がラインの最高責任者として当該職能の遂行における世界全体の責任を負わされている組織である．S. H. Robock らによれば，マーケティング部門は販売会社および販売業者に対して直接的な統制力を持っており，世界全体のマーケティングに対する責任を負っている．製造子会社が各々の製造する製品の販売を管理しているのであるが，マーケティング部門は，これらの製造子会社のマーケティングを調整するスタッフ責任を負っているのである．製造部門は，国内設備に対するライン統制，製品の世界的標準化，製品開発，品質管理，研究および開発に対する責任，そして海外製造子会社に対するライン責任とスタッフ責任の両責任を負っているのである（Robock, S. H. et al., 1977）．

職能別グローバル構造が有効に機能する企業は，比較的小規模で，製品市場の多様性が極めて限定されている場合であり，製造，マーケティング，財務，および管理という各職能の厳密な統制が可能であるという利点を有している．なお，この構造に内在する弱点としては，次の3点がある．すなわち，販売と製造は各々の活動と目的の達成で対立することとなりがちである．子会社管理者は，通常，二人以上の人に報告書を提出しなければならない．最後に，環境要因の投入に関して，大きな重複を生ずることとなる．

### 4.4 混合グローバル構造

グローバル組織構造で基本となる構造は，職能別グローバル構造，地域別グローバル構造，および製品別グローバル構造である．各構造ともそれぞれ長所

を有しているが，短所も持っている．各構造がそれぞれの長所を生かし，短所を補うために，他の構造の長所を取り入れるべく工夫して生まれたのが，混合グローバル構造と称する組織構造である．

S. M. Davis は地域別グローバル構造の組織が製品別管理を導入するケースと製品別グローバル構造の組織が地域別管理を導入するケースを中心に，混合グローバル構造を具体的に説明している．彼の見解を参考にしながら，混合グローバル構造の内容を明らかにする（Davis, S. M., 1976）．

地域別グローバル構造を採用している企業は，各々の地域内での全製品種目間の調整を行うことができるが，特定製品の地域間調整を犠牲にしている．限定された製品種目を扱っている地域別構造の企業が製品多角化戦略に乗り出した場合，新製品の企業全体での重要度が低いため，現行の地域別構造の地域内での製品種目間での調整では，特別に扱われることはない．そこで，新製品を地域別管理とは区別して，世界的立場で経営管理する方法を導入することとなる．地域別構造の企業が製品別管理を導入するケースは，次のような状況にある場合である．

① マーケティングあるいは製造および販売において非常な相違がある．
② 主製品と新製品との間にほとんどあるいは全く相互依存の関係がない．
③ 新製品の成長性は現在のところ小さいが，潜在的には大きい．
④ 異なる製品管理者間の競争心や敵意を回避する．

次に，製品別グローバル構造を採用している企業は，前述の地域別グローバル構造を採用している企業とは逆の問題を持つこととなる．すなわち，この構造は製品別の世界的に分散している設備間の技術的結合を最大化する要求を満たすが，各地域内での経営管理は製品別に複数となるという欠陥を内在しているのである．そこで，地域内で製品別に行われている経営管理を調整し，単一化することが要求されることとなる．ここに，製品別構造の企業は製品別構造の持つ利点を縦糸としてそのまま保ち，それを地域調整という横糸で補強しようとするのである．別言すれば，製品別グローバル構造に内在する経営管理上の特徴をかき乱すことなく，地域の多様化により生ずる地域別の問題は，地域

内で調整するということである．製品別構造の企業が地域内での製品別管理を調整することが必要とされるのは，次のような状況である．

① 外国に少なくとも二つの重要な，しかも組織上独立した事業がある．
② 共同利用される情報から得られる経済性がある．
③ より一層統合し，一体化することの利益がある．
④ 企業の個別計画とそれらの遂行とを評価し，かつ調整することに対する要求がある．

組織構造の多くは三つの構造化次元である，職能，製品，および地域のいずれかにより組織化されている．そして，各組織構造は，採用しなかったことにより失った他の構造化次元の持つ利点を補うことを，当該組織の主要テーマとすることとなるのである．

また，すべての組織構造はトレード・オフを伴っている．すなわち，企業がAの組織構造からBの組織構造に変更するとき，古い構造Aの多くの利点は企業の中に深く染み込んでいるので，すぐには廃れない．それゆえ，古い構造Aの利点と新しい構造Bの利点とが均衡し，両方の利点を持つこととなる．しかし，時の経過により，古い構造Aの利点は薄れていき，利点の不均衡が生ずることとなる．そこで，企業はもう一度，古い構造に戻るか，新しい混合構造を求めることとなるのである．

## 4.5 グローバル・マトリックス構造

地域別グローバル構造および製品別グローバル構造はそれぞれ長所を有しているが，短所も持っている．両構造に内在する短所を改善するべく出現したのがグローバル・マトリックス構造である．

このグローバル・マトリックス構造への組織変更の過程について，M. Stopfordらは米国企業の組織変更の過程を分析することにより，次のような見解を述べている．

企業の海外活動の発展の初期段階では，海外売上高も少なく，販売製品種目もそれほど多くなく，国際事業部で国際経営を行うのが一般的である．次の段

階では，海外販売製品種目は増やさないが，通常，売上高が増加している企業は，地域別グローバル構造を採用する．一方，海外販売製品種目を増やしている企業は，製品別グローバル構造を採用する傾向がある．そして，地域別グローバル構造の企業が海外販売製品種目を増やし，製品別グローバル構造の企業が売上高を増やすようになれば，どちらの企業もグローバル・マトリックス構造を採用するようになっているのである（Stopford, J. M. et al., 1972）．

別言すれば，企業を取り巻く環境の不確実性および複雑性が高まるにつれ，企業の戦略は多様化することとなる．その結果，企業においては，組織の構造化次元である職能，製品，および地域の間に相互依存関係が増大し，これらの次元のいずれか一つを優先することはできなくなり，構造化次元の重要性が均等化し，同時化することとなる．ここに，職能，製品，および地域の三つの次元を組み合わせた場合に，グローバル・マトリックス構造は，図表1-4のごとく編成されることとなる．

図表1-4　グローバル・マトリックス構造

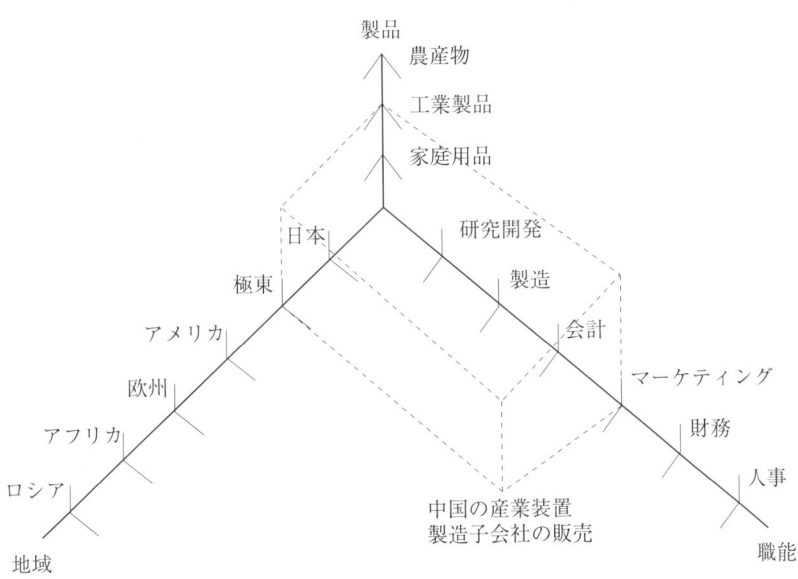

出典：S. J. Gray et al. 2001.

例えば,「産業装置の中国での売上高を増加させる」という計画においては,工業製品管理者,極東地域管理者,および本社の財務管理者とマーケティング管理者が参加し,参加管理者の誰の立場からも準最適とならないアプローチをとることによって,グローバル事業活動全体のよりよい調整を達成するのである.

グローバル・マトリックス構造は組織に柔軟性を与え,意思決定のバランスを保つことができる.しかし,権限領域が曖昧であり,権限を共有することから誰もが責任を取らなくなるという危険を内在している.複数の権限および命令系統を持つため,事業体間の調整や統合に時間がかかり,費用が増大し,この構造の運営には手数がかかり,本来の事業活動に集中できなくなるのである.特に,グローバル企業においては,時間,距離の隔たり,言語,文化などの相違の要因により,管理者間の対立を解決することも一層困難となる.

## 参 考 文 献

Arpan, J. S. and L. H. Radebaug. 1981. *International Accounting and Multinational Enterprises*, Warren, Gorham & Lamont, Inc. Boston, Mass.

Channon, D. F. with M. Jalland. 1979. *Multinational Strategic Planning*, The Macmillan Press, Ltd., London.

Davis, S. M. 1976. Trends in the Organization of Multinational Corporations, *Columbia Journal of World Business*, 11, Summer, pp. 59-71.

Gray, S. J., S. B. Salter and L. H. Radebaugh. 2001. *Global Accounting and Control: A Managerial Emphasis*, John Wiley & Sons, New York, N. Y.

Hulbert, J. M. and W. K. Brandt. 1980. *Managing the Multinational Subsidiary*, Holt Rinehart and Winston, New York, N. Y.

Levitt, T. 1983. The Globalization of Markets, *Harvard Business Review*, May/June, pp. 92-102.

宮本寛爾著.1989.『多国籍企業管理会計』中央経済社.

Mueller, G. G., H. Gernon and G. Meek. 1987. *Accounting: An International Perspective*, Richard D. Irwin Inc., Homewood, Ill.

Robock, S. H., K. Simmonds and J. Zwick. 1977. *InternationalBusiness and Multinational Enterprise, rev. ed.*, Richard D. Irwin, Homewood, Ill.

Stopford, J. M. and L. T. Wells, Jr. 1972. *Managing the Multinational Enterprise: Organization of the Firm and Ownership of the Subsidiaries*, Longman Group Limited, London.

# 第2章 グローバル企業の経営管理と国際管理会計

大阪学院大学 宮 本 寛 爾

　C. A. Bartlet らは，米国，欧州，日本の世界的企業9社の国際事業における組織構造や管理方法を分析することにより，それらの企業は多国籍企業 (multinational companies)，国際企業 (international companies)，およびグローバル企業 (global companies) の3種類に分類されると述べ，世界的に事業活動を遂行する企業の採用すべき戦略について論じている (Bartlet, C. A. et al., 1989. 吉原英樹監訳, 1990)．彼らの見解を参考に，世界的に事業活動を遂行する企業の採るべき戦略について考察し，それに適合する国際管理会計について論述することとする．

　多国籍企業とは，世界各国の異なる環境に敏感で，それに適応できる戦略姿勢および組織ケイパビリティを創造している企業であり，各国の独立した事業体の集合を経営している．世界全体の事業とは，各国の独立した事業の集合体である．次に，国際企業とは，本社が持つ知識や専門技術を海外市場へ移転したり，適応させたりすることが基本となっている企業のことであり，本社はかなりの影響力と支配力を残している．各国の事業体は新製品や戦略を自由に改良できるが，製品開発，経営方法，着想などについては本社に大きく依存しており，多国籍企業ほどの独立性や自治権はない．最後のグローバル企業とは，グローバル効率のよさを求めて国際事業を発展させ，戦略や事業の決定権を本社に集中させている企業のことである．世界市場を全体として統合したものとして扱い，現地国や現地市場ではなく，グローバル事業環境や世界の消費者の需要が主たる分析単位となる．すなわち，グローバル企業は情報や権限の中央

集中化を基本とし，海外での事業をグローバルな規模とすることを目指している．各国の事業体は本社で設定された計画と方針を実行しており，多国籍企業や国際企業に比べて，製品や戦略を創造する自由がずっと少なく，既存のものを改良することもできないのである．

すなわち，多国籍企業の特徴は異なる市場ニーズへの適応性の追求であり，国際企業の特徴は本国で開発された革新的技術（職能コンピタンス）を海外事業体に移転し，プロダクト・ライフ・サイクルを効率的かつ柔軟に管理する能力にあり，グローバル企業の特徴は製造規模の経済を重視し，標準化した製品を世界市場に販売するグローバルな規模の効率を上げることである．グローバル企業が直面する戦略上の課題に対応するためには，上記3種類の企業のそれぞれが有する特徴，すなわち異なる市場ニーズへの適応性，革新的技術（職能コンピタンス）の開発と組織内の移転，およびグローバルな効率のすべてを有することが必要となるのである．

## §1　トランスナショナル戦略

流動的で急速に変化する環境に立ち向かう世界的企業の経営管理者は，組織再編の方法を探求している．理論上，グローバル・マトリックス構造はうまくいくはずである．すなわち，第一線にいる管理者が異なる経営管理者グループ（例えば，地域と製品，地域と職能，あるいは職能と製品など）に同時に報告していけば，企業は集中化の効率，現地国への適応化，および職能コンピタンスの開発と移転の間の均衡を保てるのである．グローバル・マトリックス構造を採用した企業の多くにおいて，それはうまく機能していない．企業が組織構造の適合を追求する際の基本的な問題は，形式的構造というただ一つの組織変数にしか照準を合わせていないため，世界的企業が直面する複雑な戦略上の課題を解決できなくなることである．

世界的企業の経営管理者はグローバルな効率，現地国への適応性，および世界基準の知識を開発，開拓する能力を同時に身につける必要がある．しかも，

これら三つの目標の間にある相容れない矛盾に気づくと、一時的にせよ三つのうちのどれか一つに照準を合わせてしまうのである。この矛盾を乗り越える企業を、C. A. Bartlet らはトランスナショナル戦略の企業と名づけている（Bartlet, C. A. et al., 1989. 吉原英樹監訳, 1990）。

トランスナショナル戦略の企業が効率を求めるのは、グローバル競争力をつける一手段としてであり、また、現地適応化の重要性を認識するのは、国際事業における柔軟性をつける一手段としてである。さらに、イノベーションは従業員全員の組織的学習の結果、得られるものと考えているのである。

グローバル競争力をつけるには、規模の経済、範囲の経済、要素費用の経済を同時に最大限に利用し、為替相場の変動、消費者嗜好や技術の変化という不測の事態に対する柔軟性をつけなければならない。また、経済的、技術的、政治的、社会的環境がどんどん変化し、予測がつかないことから、適応性に関する課題は増幅している。しかし今日の真の課題は、適応性をつけることではなく、消費者嗜好、技術、法規制、為替相場、および相対的価格の変動などに対する適応性を維持するケイパビリティを創造することである。

トランスナショナル戦略の企業においては、経営資源を分散し、事業を専門化し、相互依存関係を構築することが必要となる。ここに、トランスナショナル戦略の企業は世界中にある専門化した組織単位を結びつける統合ネットワークを構築し、効率、適応性、イノベーションという多次元の戦略的課題を達成させることとなる。

従来、企業は経営資源を分散させて、異なる現地市場ニーズに適応しようとしたが、消費者ニーズや嗜好の多様化が収斂し、市場ニーズへの適応はさほど重要ではなくなった。しかしながら、多様な市場ニーズ、技術動向、および競争状況を感じ取る能力が重要であるのは、イノベーションを起こすためにそうした刺激が必要だからである。このような様々な刺激を感じ、それらに随時適応する能力によって、競争優位が得られるのである。また、企業活動の専門化や専用資産によって、経営は固定化される傾向があり、特に、プロダクト・ライフ・サイクルが短く、原価、技術、および嗜好が変わりやすい環境では企業

にとって危険であった．しかし，柔軟性のある新製造技術を利用すれば，事業の専門化による規模と柔軟性のジレンマを乗り越えられる．専門化によって生まれる利益は，製造だけに生じるのではなく，研究開発においても生じるのである．

従来の組織構造では，組織単位間の関係は中央集中構造のように完全に相互依存しているか，分権連邦制構造の海外事業体のように完全に自律しているかのどちらかが一般的であった．しかし，このような組織単位間の関係は，国際事業競争の変化によって，適さなくなった．すなわち，自律した海外事業体はグローバルな規模の経済を追求している競合企業に負かされる可能性があり，また，親会社に完全に依存している海外事業体は，現地国環境の変化への適応の速度で競合企業に負ける可能性があるのである．

今日の国際競争環境で要求されるのは，協調的な情報の分担と問題解決，協同的な資源の配分，および共同体制による事業の遂行，すなわち，相互依存の関係を創造することである．C. A. Bartlet らの研究によれば，新しい組織単位を設けることなく，職能，地域，製品の各経営管理者グループ間に，相互依存関係を創造し，利益を伸ばすためには，他のグループと協力しなければならないように仕組むことによって，統合と協働が自然に強まるよう試みている企業が成功しているのである．さらに，トランスナショナル戦略の開発には，多次元的ケイパビリティと相互依存的な資産以上のものが要求される．必要不可欠なのは，組織構成員の精神を変えることなのである．経営管理者は多様な役割と分散する事業を統合しなければならないが，そのためには，多様な戦略ケイパビリティの必要性を理解し，機会と脅威をグローバルとローカルの双方の観点から見通し，オープンで柔軟な対人関係を積極的に築き上げるという心構えが必要である．なすべきは精巧なマトリックス構造を構築することではなく，「管理者の頭の中にマトリックスをつくる」ことである（Bartlet, C. A. et al., 1989．吉原英樹監訳，1990）．

しかし，本書では，研究対象とするわが国電機企業が C. A. Bartlet らの提示するトランスナショナル戦略の企業の特徴か，あるいは第1章で論述した組

織構造および管理方法のいずれの特徴を有しているのか，そしてそれらのもとでいかなる国際管理会計システムを採用しているのかについて考察する．

## §2　トランスナショナル戦略と国際管理会計システム

　国際管理会計システムの価値は，それが企業の戦略やマネジメントの遂行に提供している情報の有効性によって判断される．企業がトランスナショナル戦略を採用しているとき，その企業はグローバルな規模の経済の効率，現地市場のニーズへの適応化，および学習効果の全世界向けの移転を同時に達成しようとしている．トランスナショナル戦略の企業は，経営資源の配分と，それにより専門化した組織単位を結びつける統合ネットワークを構築することとなる．ここに，国際管理会計システムは本社から海外事業体へ，海外事業体から本社へ，海外事業体相互間で有効な会計情報を適時に，適所に伝達することが欠かせないのである．

　トランスナショナル戦略の企業の強みは，それに備わった固有の柔軟性である．配分した資源の統合ネットワークにより，企業は為替エクスポージャー，政治リスク，あるいは集中化の不経済をこうむることなく，効率のよい専門化を行うことができる．管理者の多次元的視点とケイパビリティの開発により，どこにあろうと潜在的機会と脅威を感知し，変化に素早く適応することができるのである．また，海外事業体の役割を差別化することにより，組織資源を連結・増強して環境のニーズや機会に対応することができるのである．

　しかし，このようなトランスナショナル戦略の企業は，強力な統合源がなければ，企業は無政府状態になり，さらに悪ければ，領地争いの国際ネットワークになる恐れがある．この欠陥を補うための方法について，C. A. Bartlet らは，企業に共通のビジョンを確立させ，管理者にこの共通のビジョンについての理解力と受容力をつけさせ，管理者の経営への積極的な参加やコミットメントを実現し，そして管理者の頭の中にグローバル・マトリックスをつくることであると述べている（Bartlet, C. A. et al., 1989. 吉原英樹監訳，1990）．彼らの主張

を次に要約することとする．

① 共通のビジョンを確立させる

　戦略業務が複雑化し，変化するほど，また組織単位が分散するほど，個々の管理者は混乱に陥りやすくなる．ここに，企業は，世界中の管理者に企業のビジョンと目標を理解させ，持続的に追求させ，そして全組織単位を通じて，目標の一貫性を徹底することにより，管理者を混乱させず，その目標を達成することができるのである．

　世界企業の管理者のほとんどは単一活動に専門化し，企業全体の事業のある一点だけに焦点を合わせている．明快に表現された企業のビジョンは，これらの管理者により広い視野をもたらし，それにより，管理者は彼らの専門的な役割と責任の内容と意味を知ることができる．企業のビジョンを効果的に共有するための基本的条件が，明確な表現と十分な伝達にあるのである．

　この企業のビジョンはそれを首尾一貫して実施する管理者のコミットメントがなければ，消滅する．また，厳しい国際的重圧の中で，企業は中枢的戦略目標と組織価値に持続的に関与しなければならない．この持続性がなければ，企業のビジョンは素早く消滅するのである．

　最後に，組織の全構成員が同一のビジョンを共有すること，すなわち全組織単位を通じて目標の一貫性を徹底することが必要である．一貫性の欠如は混乱と非能率を引き起こし，最悪の場合には，各組織単位が互いに相手の業績を悪化させる計画を実行することとなるのである．

② 企業のビジョンについての管理者の理解力と受容力の開発

　物理的にも組織的にも孤立している専門家で構成されている組織では，管理者の視野は狭くなりやすい．企業のビジョンが意味する広大な目標や課題を頭では理解できても，管理者の限定された組織的視野と狭い経験範囲のため，視野を広げるのは困難である．トランスナショナル戦略の企業の成長の妨げになるのは，国際的事業活動に対する管理者の理解力と受容力の欠如である．あら

ゆるレベルのあらゆる部門の管理者が世界と大きく関わる意思決定を下さなければならないので，企業のビジョンと目標を達成するべく管理者の理解力と受容力を開発することが必要である．

　国際事業で重要な役割を果たせる管理者は，人材を育成する能力を有していることが必要であり，このため人材の採用と選抜が重要である．さらに，企業はその管理者の潜在能力を開発するべく，教育・開発プログラムを利用して，管理者の国際的視野の拡大を図ることが必要である．なお，人材採用と教育は重要であるが，管理者の国際的視野の拡大に有効な方法は，個人の体験であり，選抜した管理者を職能，事業，海外事業体間を移動させることにより，柔軟な経営管理に必要な経験をさせることが必要である．

③　管理者の経営への積極的な参加やコミットメントを実現する

　大抵の管理者は頭では自社のビジョンを理解し，国際的視野の拡大を図る教育を受けていても，目先の仕事に追われ，グローバルな問題が発生した場合，視野の狭い思考や行動をとりやすい．管理者に企業のビジョンの一部を実現するための直接的権限と新組織を調整する際の中心的役割を与えることにより，管理者をトランスナショナル戦略に取り込むことが必要である．

④　管理者の頭の中にグローバル・マトリックスをつくる

　企業の統合ネットワーク構造が発達するにつれ，管理者は構造改革やシステムの再編成に熱中することがある．しかし，構造をグローバル・マトリックスに変えるのではなく，管理者の頭の中にグローバル・マトリックスをつくることが大切である．すなわち，複雑で，矛盾をはらんだ問題に対する管理者の解決能力を強化し，管理者の判断や選択が企業のビジョンに一致させるように育成することが必要なのである．

　以上の管理者に関する C. A. Bartlet らの指摘は，会計担当者にも一般化される．S. J. Gray らよれば，企業のビジョンと目標を達成するべく会計担当者の理解力と受容力を開発するために，グローバル環境に適応できる人材の採用

や選抜および教育や訓練が重要である（Gray, S. J. et al., 2001）．これは現地国の会計問題と同時にグローバルな会計問題を理解させることを意味する．さらに，会計担当者は企業のトランスナショナル戦略を理解しなければならない．技術的能力だけでは十分ではない．会計担当者はトランスナショナル戦略の遂行に有効な国際管理会計システムによって貢献できる方法を理解しなければならない．また，すべての経営管理者にトランスナショナル戦略を理解させる経営管理方法としてバランスト・スコアカードは有力な技法である．

## 2.1 バランスト・スコアカードによる戦略の遂行

　バランスト・スコアカードは規範的でなく記述的なフレームワークであり，戦略の展望を作り上げる．バランスト・スコアカードは戦略のマネジメントを行うために設定されたシステムである．バランスト・スコアカードは企業業績を「財務」「顧客」「業務プロセス」「学習・成長」の4つの視点から測定する．これによって，従業員に求められている知識やスキル，システムの配置，それによって改革され，構築される，適切な戦略ケイパビリティと効率性，これらが市場に提供する自社ならではの価値，そこから最終的に導き出される株主価値を読みとることができる．

　戦略とは，現在から不確実な未来に向けて組織に望ましいポジションをとらせることを意味する．組織は未来のポジションを経験したことがないので，そこに行き着くには，一連の仮説をつなぎ合わせ，それが指し示す道をたどっていくしか方法はない．そこで，戦略を実行に移す際には，組織メンバー全員に基礎をなす仮説をはっきりと理解させ，あらゆる組織単位とあらゆる資源を仮説に調整し，仮説を継続的に検証し，それらの検証結果に基づいて，必要があれば是正することが肝心である．

　次に，戦略を管理するための新しいシステムとして出現したバランスト・スコアカードは，戦術を管理するためのコントロール・システムと結合されなければならない．

　戦略的計画は，企業が長期的な戦略テーマを管理し，ローリング予測を行い，

これを年次予算に組み込むのを可能にするフレームワークを提供している．すなわち，戦略を予算編成プロセスに結合させることである．バランスト・スコアカードが長期の実施項目を短期的な部分最適から守るように，予算編成プロセスもまた，短期の財務業績を上げなければならないプレッシャーから長期の実施項目を守らなければならない．ここに，予算としては，戦略予算と業務予算の2種類の予算が必要となる．

　企業の事業活動を国内事業活動と海外事業活動とに区別せず，国際事業活動として，グローバルな効率のよさを追求するようになって以来，国際管理会計は，この国際事業活動の経営管理機能での会計情報の機能を明確化するべく考察されることとなっている．しかるに，国際事業活動の管理は世界に分散している事業活動の世界的視野での調整と統合と同時に，現地適応化ニーズをも満たす必要性を認識するようになっている．すなわち，トランスナショナル戦略に役立つ会計情報についての研究が国際管理会計の主題となっているといえるのである（宮本寛爾，2003）．

　バランスト・スコアカードは4つの視点から企業の業績目標値を設定し，その業績を測定しているのであるが，世界的企業の財務の視点からの目標値を設定し，その業績を測定するのに役立つのが，国際管理会計システムである．次に，国際管理会計システムのもとで提供される管理会計情報の一部について論ずることとする．

## §3　国際管理会計情報

　グローバル企業（トランスナショナル戦略の企業）においては，その構成単位である海外事業体が文化，社会制度，法律などの異なる世界各国に設定され，それぞれ異なる特定の目的が与えられ，事業活動を遂行している．この企業の事業活動においては，各種の通貨が使われている．しかし，現在のところ，これらの事業活動の会計は単一通貨により行われている．すなわち，本社では本国通貨により，そして海外事業体では，通常，それぞれの現地通貨により行わ

れている.なお,現地通貨以外の通貨が海外事業体の事業活動で使われている主要通貨である場合には,その事業活動の会計は当該主要通貨により行われている.さらに,このような企業の連結財務諸表は,海外事業体の財務諸表を本国通貨に換算し,本国通貨により作成され,開示されている.

しかし,多数の通貨が使われている事業活動の会計において,単一通貨情報に加工され,統合された情報を提供するのではなく,事業活動で使われている通貨による情報をそのままで提供することが,このような企業の経営管理にとって有用な場合がある.そこで,事業活動の会計を単一通貨で行うのではなく,事業活動で使われている通貨で会計を行う多通貨会計の内容について考察する.

### 3.1 多通貨会計情報の有用性

多通貨会計では,取引や勘定が単一通貨に再表示されるのではなく,単純にそれぞれの関与する通貨により測定された金額により記録され,報告される.Duanploy らにより,多通貨会計が米国の会計基準(generally accepted accounting principles:GAAP)による会計と対比することにより提案されている(Duanploy, O. et al. 1997).

彼らの提案する多通貨会計のもとでは,米国ドルが連結財務諸表の国際通貨として用いられている.米国ドル以外の通貨による取引,すなわち外貨建取引は当該外貨で記録される.その記録には,当該外貨が別個の報告実体を構成しているように,外貨別の一組の勘定(資産,負債,および資本(直物転換)の勘定)が用いられている.なお,直物転換勘定は特定通貨が為替リスクにさらされていること,すなわち特定通貨でのショート・ポジションあるいはロング・ポジションを示している.ショート・ポジションは特定の通貨建負債額が当該通貨建資産額を超えている場合であり,直物転換勘定の借方残高となる.また,ロング・ポジションは特定の通貨建資産額が当該通貨建負債額を超えている場合であり,直物転換勘定の貸方残高となる.

特定の通貨建取引が単一通貨による場合,当該通貨建資産額が当該通貨建負

債額あるいは資本額と相殺されることとなり，為替リスクにさらされないこととなる．すなわち，直物転換勘定への記入は行われないこととなる．資金の移動が複数の通貨間に起こる場合（すなわち，交差通貨取引の場合），通貨のショート・ポジションあるいはロング・ポジションが生じ，直物転換勘定への記入が行われることとなる．

この多通貨会計の内容をDuanployらの例題を用いて具体的に考察することとする（Duanploy, O. et al. 1997）．

米国の会社の2002年12月31日の貸借対照表は次のごとくである．

貸 借 対 照 表

2002年12月31日

| | | | |
|---|---:|---|---:|
| 現　　　　金 | $ 20,000 | 資　本　金 | $ 50,000 |
| 売　掛　金 | 40,000 | 留　保　利　益 | 30,000 |
| 設　備・装　置 | 60,000 | | |
| 減価償却累計額 | (40,000) | | |
| 資産合計 | $ 80,000 | 資本合計 | $ 80,000 |

2003年1月1日に次の①と②の取引が行われた．

① 為替相場が£1＝＄2であるとき，ドル建支払手形によって＄1,000の資金を調達し，この資金を£500のポンド建社債へ投資する．

GAAPによれば，次のように記録される．

| | | | |
|---|---:|---|---:|
| 社債への投資 | $ 1,000 | 支　払　手　形 | $ 1,000 |

多通貨会計によれば，次のように記録される．

| | | | |
|---|---:|---|---:|
| $ 直物転換勘定 | $ 1,000 | 支　払　手　形 | $ 1,000 |
| 社債への投資 | £ 500 | £ 直物転換勘定 | £ 500 |

この取引は米国ドルで調達された資金がポンド建社債に投資されている．将来，社債の決済時には，ポンドで回収され，この資金がドル建支払手形への支

払いに当てられる．この取引は交差通貨取引といわれ，為替相場変動により影響を受けることとなる．この為替リスクにさらされている通貨の金額が，多通貨会計では，直物転換勘定で示されることとなる．ドルは＄1,000のショート・ポジションであり，＄直物転換勘定の借方に＄1,000が記録されることとなる．ポンドは£500のロング・ポジションであり，£直物転換勘定の貸方に£500が記録されることとなる．

② 為替相場が＄1＝B25であるとき，タイに支店を開設し，B50,000のバーツ建支払手形を振り出し，調達した現金を支店に引き渡す．

GAAPによれば，次のように記録される．

本店帳簿
　　支店への投資　　＄2,000　　　　支　払　手　形　　＄2,000
支店帳簿
　　現　　　　金　　B 50,000　　　　本　　　　店　　B 50,000

多通貨会計によれば，次のように記録される．

本店帳簿
　　支店への投資　　B 50,000　　　　支　払　手　形　　B 50,000
支店帳簿
　　現　　　　金　　B 50,000　　　　本　　　　店　　B 50,000

　この取引はバーツ建支払手形の振り出しにより調達された資金がそのまま支店に投資される．この取引による資産と負債は，為替相場の変動に関係なく，バーツの財および用役に対し同一の支配力あるいは請求権を有しあるいは負っている．この通貨は為替リスクにさらされていないこととなる．

　2003年1月1日の取引後の多通貨会計の貸借対照表は図表2−1のごとくである．この貸借対照表は国際通貨である米国ドルによる連結金額と同時に各通貨別の財政状態を明らかにしている．米国ドル，ポンド，およびバーツの通貨別に資産の金額と負債および資本の金額が一致し，また，米国ドルとポンドの

交差通貨取引である支払手形（＄1,000）と社債への投資（£500）は為替リスクにさらされており，この事実が直物転換勘定の借方（＄1,000）と貸方（£500）で示されている．バーツ建取引は単一通貨取引であり，為替リスクにさらされていないので，直物転換勘定への記入は行われていない．

米国ドルによる連結金額は，米国ドル以外の通貨が貸借対照表日の為替相場すなわちカレント・レートで換算され，算定されている．なお，費用および収益もカレント・レートで換算される．換算においてカレント・レートを用いるのは，多通貨会計が決算日時点における各通貨の状況を明らかにすることに力点を置いているので，その目的に適合しているからである．

図表2-1　多通貨会計貸借対照表

2003年1月1日

| 資産 | 米国ドル | ポンド | バーツ | 連結(米国ドル) |
|---|---|---|---|---|
| 現　　　　金 | $ 20,000 | | | $ 20,000 |
| 売　掛　金 | 40,000 | | | 40,000 |
| 社債への投資 | | 500 | | 1,000 |
| 支店への投資 | | | 50,000 | 2,000 |
| 設備・装置 | 60,000 | | | 60,000 |
| 減価償却累計額 | (40,000) | | | (40,000) |
| 資産合計 | $ 80,000 | 500 | 50,000 | $ 83,000 |
| 負債・資本 | | | | |
| 支払手形 | 1,000 | | 50,000 | 3,000 |
| 資　本　金 | $ 50,000 | | | $ 50,000 |
| 留保利益 | 30,000 | | | 30,000 |
| $/£直物転換勘定 | (1,000) | 500 | | |
| $/B直物転換勘定 | | | | |
| 負債・資本合計 | $ 80,000 | 500 | 50,000 | $ 83,000 |

すなわち，Duanployらによれば，多通貨会計は取引で使われている通貨により測定された金額で記録し，伝達するのが本質であり，国際通貨への換算は外部利害関係者が理解しやすくするためであり，また，カレント・レートを用いることにより，決算日における各通貨の状況を明らかにすることができるか

らである (Duanploy, O. et al. 1997).

多通貨会計は為替リスクにさらされている通貨の金額を明らかにする利点を有している. さらに, 取引で使われている通貨で記録し, 伝達することは, 異なる通貨による事業活動の経済性を分析するのに有用な情報を提供することとなる.

### 3.2 業績評価と測定通貨

海外事業体の業績を向上させるとともに, 分化された海外事業体の活動が他の事業体の活動との間にコンフリクトを引き起こすことなく, グローバル企業(トランスナショナル戦略の企業)全体としての目標を達成することを確実にするための手段およびプロセスが必要である. このような手段およびプロセスの一つとして, 予算管理が採用されている. グローバル企業は, 為替相場が変動している多通貨の環境で事業活動を遂行しているので, 予算管理において, いかなる通貨を用いるか, また為替相場変動要因にいかに対応するかが重要な問題となっている. ここでは, 予算管理による目的を達成するために, グローバル企業およびその海外事業体の業績評価において, いかなる通貨を用いるべきか, また為替相場変動要因にいかに対応するべきかについて考察することとする.

グローバル企業における予算管理において, 測定単位として, 現地通貨と本国通貨のいずれを用いるかの観点からの研究が行われている. 現地通貨を用いる場合, 海外事業体の予算編成と実績の測定において現地通貨を用い, 現地通貨による予算と実績とを比較することにより, 海外事業体とその管理者の業績評価を行う. 本国通貨を用いる場合, 海外事業体の予算編成と実績の測定において現地通貨を用い, 現地通貨により測定された予算と実績を本国通貨に換算し, 本国通貨による予算と実績とを比較することにより, 海外事業体とその管理者の業績評価を行うのである.

現地通貨による業績評価の支持者は海外事業活動が海外環境で行われていること, および現地通貨で行われていることをその支持理由としている (Bursk,

E. C. 1971)．測定通貨である現地通貨を本国通貨に換算することにより生ずる換算差損益を，業績評価において考慮する必要はなく，海外事業体の現地での経営成果が現地通貨で測定され，評価されることとなる．ここに，海外事業体の管理者は，現地通貨の為替相場変動による経済エクスポージャーへの影響を考慮し，これに対応して現地通貨による利益を最大化するべく行動することとなる．すなわち，管理者に対するインセンティブとして優れた評価方法である．

　しかし，現地通貨が業績評価に用いられるとき，グローバル企業の本社管理者は，当該海外事業体の業績が現地通貨の為替相場変動という要因によって劇的に影響されるという事実を見過ごすかもしれない．また，現地通貨が用いられるとき，異なる通貨で測定されている海外事業体の業績を比較することは困難となる．さらに，この場合，グローバル企業全体としての目標への貢献度によって，海外事業体の業績を評価することはできない．

　一方，本国通貨による業績評価の支持者は，本社管理者が本国通貨で考えることに慣れていること，および現地通貨ではなく本国通貨での利益に関心があることをその支持理由としている（Bursk, E. C. 1971）．さらに，グローバル企業本社が海外事業体に対する目標を，本国通貨による成果とフローによってその管理者に伝達できること，および海外事業体管理者の経営成果を測定し，彼らが当該事業体への投資額を本国通貨でいかに維持しているかを測定でき，通貨の為替相場変動に対して，グローバル企業の本国通貨による財政状態を堅固にする行動をとるように管理者にインセンティブを与えることが支持理由である．

　しかし，それぞれ異なる通貨で事業活動を遂行している海外事業体の経営成果を本国通貨に換算するとき，為替相場の変動はその業績に大きな影響を与えることとなる．また，この為替相場変動による為替リスクに対処する方針は，グローバル企業全体のレベルで設定され，本社管理者により集権的に管理されていることが多い．この場合，この要因は海外事業体の管理者の管理下にない．財務管理が集権化されているとき，この財務管理の影響が海外事業体管理者の

実績から除外されなければ，その実績は管理者の業績評価にとって適切とはいえない．すなわち，この実績による管理者の業績評価は，管理者に対するインセンティブとして望ましいものとはならないのである．逆に，財務決定の権限が海外事業体管理者に委譲されている場合には，当該管理者は，企業全体として最適となるが，彼らの事業体利益を減少させる財務決定を行わないこととなる．すなわち，グローバル企業全体としての目標を達成するべく，管理者にインセンティブを与えることとはならないのである．

　ここに，グローバル企業における予算管理において，本国通貨を用いる場合，いかなる為替相場がいかに使われ，それがいかなる影響を海外事業体，およびその管理者の業績評価に与えるかについて考察することが必要となる．

## 3.3 予算管理と為替相場

　将来の為替相場変動およびそれらのグローバル企業の事業活動への影響という要因は，企業の予算管理に組み込まれている．すなわち，為替相場は予算管理における予算編成時，およびその予算と比較される実績測定時に組み込まれている．

　予算管理に組み込まれた為替相場要因は海外事業体およびその管理者の業績評価において，次のような問題を生み出している．すなわち，

① 海外事業体の現地通貨による予算および実績を本国通貨に換算する時に，いかなる為替相場を用いるべきか．

② 海外事業体管理者の業績評価において，為替相場差異を含めるべきか否か．すなわち，海外事業体管理者に，為替相場の不利な変動により彼の業績にマイナスの影響を与える換算エクスポージャーに対する責任を負わせるべきか否か．

③ 海外事業体の業績とその管理者の業績は，異なる方法で評価されるべきか．

以上の問題である．これらの問題に最初に解答を与えたのが，R. R. Lessart らである．彼らはグローバル企業の予算編成時と実績の測定時において用いら

れる為替相場として，次の三種類の為替相場を挙げている．すなわち，予算編成時の実際相場，予算編成時での期末の予想相場，期末の実際相場（この相場が予算編成で用いられる場合は，実際相場が継続的に更新されることにより，期末には期末の実際相場により予算を換算することとなる）である．

そして予算編成で用いられる為替相場と実績の測定で用いられる為替相場には，図表2-2のごとく，5つの組み合わせが可能であることを指摘している．すなわち，① 予算編成時の実際相場と予算編成時の実際相場，② 予算編成時の実際相場と期末の実際相場，③ 予算編成時での期末の予想相場と予算編成時での期末の予想相場，④ 予算編成時での期末の予想相場と期末の実際相場，⑤ 期末の実際相場と期末の実際相場，である．

図表2-2 予算編成時・実績測定時と為替相場

| 実績の測定<br>予算編成 | 予算編成時の<br>実際相場 | 予算編成時での<br>期末の予想相場 | 期末の実際相場 |
|---|---|---|---|
| 予算編成時の実際相場 | ① |  | ② |
| 予算編成時での期末<br>の予想相場 |  | ③ | ④ |
| 期末の実際相場 |  |  | ⑤ |

①の組み合わせは，予算編成時および実績の測定時の両方で予算編成時の実際相場が用いられる．この組み合わせは為替相場変動が海外事業体およびその管理者の評価される業績には影響を与えないか，または為替相場変動による影響についての責任は海外事業体管理者にはないという前提で用いられている．

②の組み合わせは，予算編成では編成時の実際相場が，実績の測定では期末の実際相場が用いられる．この組み合わせは，為替相場変動が海外事業体およびその管理者の評価される業績に影響を与えることとなり，この影響に対する責任を全て海外事業体管理者に負わせることとなる．管理者は当該事業体の立場から，為替リスクの管理を行うことになり，企業全体の立場から最適とはいえないヘッジを行う可能性は高くなる．

③の組み合わせは，予算編成時および実績の測定時の両方で予算編成時での期末の予想相場が用いられる．これは予想相場がグローバル企業本社のスタッフである財務管理担当者により保証されていることであり，為替相場変動は海外事業体およびその管理者の評価される業績には影響を与えない．当該管理者は予想相場での実績に対して責任を課せられることとなる．

④の組み合わせは，予算編成においては予想相場が用いられ，実績の測定では期末の実際相場が用いられる．この組み合わせは，期末の実際相場の予想相場からの変動が，海外事業体およびその管理者の評価される業績に影響を与えることとなり，この影響に対する責任を全て海外事業体管理者に負わせることとなる．②の組み合わせと同様，管理者は当該事業体の立場から，為替リスクの管理を行うことになり，企業全体の立場から最適とはいえないヘッジを行う可能性がある．

⑤の組み合わせは，予算編成時および実績の測定時の両方で期末の実際相場が用いられる．この組み合わせでは，予算編成時には編成時の実際相場を用い，相場の変動に応じて継続的に更新されることにより，期末には期末の実際相場により予算を換算することとなる．このため，為替相場変動は海外事業体およびその管理者の評価される業績に影響を与えないこととなる．為替相場変動に対する責任は海外事業体管理者に課せられないし，予算編成者にも課せられないのである．

R. R. Lessart らは③の組み合わせを支持している．すなわち，予算管理が有効なコントロール・システムであるためには，目標整合性と公平性という二つの条件を満たしていることが必要条件であると考えているからである（D. R. Lessard and P. Lorange. 1977）．ここに，目標整合性とは，海外事業体の管理者が与えられた彼らの目標を達成することが，グローバル企業全体としての目標を達成することに繋がることである．また，公平性とは，海外事業体管理者の業績評価基準が業績評価において公平であるということである．

予想相場を予算編成時と実績の測定時の両方で用いる場合，グローバル企業本社は企業全体の立場から為替リスクの管理を行い，また，海外事業体管理者

が将来の収入および支出を予想相場で取引できるように，企業内部の銀行として行動することとなる．ここに，海外事業体管理者は予想相場のもとでの目標を達成するべく意思決定をすればよく，与えられた目標を達成することが企業全体としての目標を達成することとなり，目標整合性という条件を満たすこととなる．

また，海外事業体管理者が予想相場の決定に参加し，それを理解し，受け入れる場合，実績の測定が為替相場の変動により影響されることなく，予想相場による実績の測定に公平性を認めさせることとなる．ここに，予算管理において，予算編成時と実績の測定時の両方で期末の予想相場を用いることは，目標整合性と公平性という二つの条件を満たすこととなる．

### 3.4 合成通貨の有用性

前述のごとく，グローバル企業における予算管理において，本国通貨を用いることを前提として，予算編成および実績の測定において，いかなる為替相場がいかに使われ，それが海外事業体およびその管理者の業績評価にいかなる影響を与えるかについて考察した．しかし，井尻雄士教授は海外事業体の財務諸表の外貨換算において，本国通貨に換えて合成通貨（composite currency）を用いることを提案している（Ijiri, Y., 1995）．ここに，合成通貨とは，グローバル企業の目標とする割合の複数通貨を構成要素とする観念的な通貨である．

井尻教授によれば，外貨換算においては，本国通貨への換算が一般的であるが，これは企業の海外投資が短期である場合に限り，合目的的である．多くのグローバル企業は現地国で半永久的に事業活動を遂行する目的で当該現地国に投資をしている（Ijiri, Y., 1995）．すなわち，グローバル企業は世界中に株主，債権者，従業員，顧客，供給者などを有し，世界で事業活動を遂行しているのである．このようなグローバル企業における海外事業体の財務諸表の外貨換算においては，合成通貨への換算が合目的的であると井尻教授は主張する．ここに，グローバル企業の予算管理において，本国通貨に換えて合成通貨を用いることが，予算管理により達成しようとする目的にとって，有効であるか否かに

ついて，考察することとする．なお，合成通貨に換算される海外事業体の財務諸表は，単一通貨，すなわち現地通貨により作成されているのではなく，事業活動で用いられている複数の通貨により作成されていることとする．

　P. W. Beamish らによれば，グローバル戦略をとるグローバル企業は，グローバル市場への製品，すなわちグローバル製品を企画し，研究開発している．グローバル製品は，通常，グローバル標準でグローバル市場に供給される．グローバル企業は製造，研究開発，あるいはマーケティングで規模の経済を追求するべく，集権管理方式を採用することとなる．海外事業体には，高い自律性は与えられず，グローバル企業本社のもとで統合される構成単位の一つとなり，本社の設定した戦略のもとで与えられた役割を遂行し，評価される．この戦略は，通常，製造原価とグローバル市場への輸送費の合計としての製品原価を最小化する国を探すだけでなく，技術，品質，および原価の最善の組み合わせを達成できる国を見い出すことである．これにより，異なる製品は異なる国で生産されることとなる（Beamish, P. W., J. P. Killing, D. J. Lecraw and H. Crookell, 1991）．

　このようなグローバル企業は異なる通貨による資産を世界中の海外事業体に保有し，企業全体として，複数の通貨の貨幣額による目標を設定することとなる．海外事業体はグローバル市場で調達する投入要素と現地市場で調達する投入要素をもって，グローバル製品を生産し，グローバル市場で販売することとなる．グローバル市場では国際通貨（例えば，米国ドルやユーロ）で取引され，現地市場では現地通貨で取引される．海外事業体は国際通貨と現地通貨の貨幣額による目標を与えられることとなる．

　グローバル企業の予算は，複数の通貨の貨幣額による目標を達成するべく，国際通貨と各国の現地通貨の貨幣額により編成され，これらの貨幣額を合成通貨に換算した，単一通貨の金額で表示されることとなる．海外事業体の予算編成と実績の測定においては，複数の通貨を用い，通貨別に予算と実績とを比較することにより，海外事業体とその管理者の業績が評価されることとなる．これは経営成果が事業活動で用いられている複数の通貨で測定され，評価され，

換算の必要はなく，為替相場変動の影響を考慮する必要のない方法である．なお，海外事業体管理者が複数の通貨の貨幣額による目標を達成するべく行動することは，グローバル企業全体としての複数の通貨の貨幣額による目標を達成することに繋がることとなり，目標整合性を満たす．しかし，海外事業体の業績を相互に比較することは困難となる．

グローバル企業全体としての予算編成と実績の測定において，複数の通貨を用いる場合，通貨別に予算と実績とを比較することにより，グローバル企業の業績は通貨別に評価されることとなる．また，複数の通貨による実績の測定は，各通貨の正味エクスポージャーを明らかにすることとなり，本社管理者に通貨リスク管理に役立つ情報を提供することとなる．

次に，複数の通貨の貨幣額は合成通貨に換算され，単一通貨の金額で表示されることとなる．この合成通貨はグローバル企業の目標とする割合の複数の通貨を構成要素としている．例えば，グローバル企業の目標が円とドルを¥100と$1の割合で保有し，この割合で成長することであれば，合成通貨（G）の1単位（G1）は¥100の円と$1のドルから構成されることとなり，目標がG100の利益である場合，それは¥10,000と$100の利益となる．

グローバル企業全体としての予算編成と実績の測定において，合成通貨を用いる場合，グローバル企業の業績は，グローバル企業の目標とする複数の通貨での基準で評価されることとなる．なお，合成通貨への換算は合成通貨を構成する複数の通貨の割合がグローバル企業全体として維持されるとき，為替相場の変動の影響を受けない．別言すれば，グローバル企業の管理者はグローバル企業全体の複数の通貨の資産の割合を，その目標とする割合，すなわち合成通貨を構成する複数の通貨の割合で維持し，増加させるべく行動することとなる．

例えば，合成通貨の1単位（G1）がG1＝（¥100, $1）であり，期首の為替相場が¥100＝$1で，保有通貨（H）がH＝（¥10,000, $100）の場合，合成通貨への換算額はG100となる．期末の為替相場が¥200＝$1となった場合でも，保有通貨が期首と同一のH＝（¥10,000, $100）の場合，合成通貨への換算額はG100と，期首と同額である．これは円安とドル高の影響が相殺されている

からである.すなわち,合成通貨で表す円とドルの価値は,為替相場が¥100＝$1のとき,G1＝(¥100, $1) であるので,G1＝¥200＝$2となり,¥1＝G1/200,$1＝G1/2となる.また,為替相場が¥200＝$1のとき,G1＝¥300＝$1.5となり,¥1＝G1/300,$1＝G1/1.5となる.ここに,H＝(¥10,000, $100)＝¥10,000×G1/300＋$100×G1/1.5＝G100となる.

合成通貨はグローバル企業の目標とする割合の複数の通貨を構成要素としているので,グローバル企業全体としての目標を合成通貨により設定することは合目的的である.しかし,グローバル企業の構成単位である海外事業体の目標は,複数の通貨により設定されることとなる.すなわち,海外事業体がそれぞれ異なる通貨による目標を達成することにより,グローバル企業全体としての合成通貨による目標が達成されるからである.

ここに,グローバル企業における予算管理において合成通貨を用いる場合,グローバル企業全体の予算管理は合成通貨によることになるが,海外事業体の予算管理は当該事業体の事業活動で用いられる現地通貨によることとなる.

業績の測定は当該事業体の目標と一致しなければならない.それ故,業績の測度が適切であるか否かは,当該事業体の目標との関連で評価されなければならないと,井尻教授は述べている (Ijiri, Y., 1995).グローバル企業のコントロール・システムとしての予算管理において,測定単位として,いかなる通貨を用いるかは,グローバル企業の目標との関連で決定されねばならない.

グローバル企業全体としての目標が本国通貨による経営成果であり,海外事業体に本国への送金を最大化するという目標が与えられているとき,海外事業体の業績測度としては,本国通貨が用いられるべきである.しかし,グローバル企業が世界中に海外事業体を有し,グローバルな立場からの存続と成長をその目標とする場合,当該企業は複数の通貨の資産を一定の割合で有し,成長することがその目標となる.このようなグローバル企業における海外事業体の業績測度としては,当該事業体の事業活動で用いられる複数の通貨が用いられるべきであり,グローバル企業全体としての業績測度としては,目標とする割合の複数の通貨を構成要素とする合成通貨が用いられるべきである.

グローバル企業のグローバル化が進むとき，グローバル企業の予算管理において，多通貨会計のもとで合成通貨を用いる企業が増加することとなるであろう．

## 参考文献

Bartlet, C. A. and S. Ghoshal. 1989. *Managing Across Borders*, Harvard Business School Press, Boston, Mass. 吉原英樹監訳. 1990. 『地球市場時代の企業戦略——トランスナショナル・マネジメントの構築——』日本経済新聞社.

Beamish, P. W., J. P. Killing, D. J. Lecraw and H. Crookell. 1991. *Interntional Management*, Irwin, Homewood.

Bursk, E. C., J. Dearden, D. E. Hawkins and V. M. Longstreet. 1971. *Financial Control of Multinational Operations*, Financial Executives Research Foundation.

Duanploy, O. and G. W. Owings. 1997. The Compatibility of Multicurrency Accounting with Functional Currency Accounting, *The International Journal of Accounting*, 32 (4), pp. 441-462.

Gray, S. J., S. B. Salter and L. H. Radebaugh. 2001. *Global Accounting and Control: A Managerial Emphasis*, John Wiley & Sons, New York, N. Y.

Ijiri, Y. 1995. Global Financial Reporting Using a Composite Currency: An Aggregation Theory Perspective, *The International Journal of Accounting*, 30 (1), pp. 95-106.

Lessard, D. R. and P. Lorange. 1977. Currency Changes and Management Control: Resolving the Centralization/Decentralization Dilemma, *The Accounting Review*, 52 (3), July, pp. 628-637.

宮本寛爾著. 2003. 『グローバル企業の管理会計』中央経済社.

# 第2部

# 国際管理会計の実態

# 第3章 松下電器産業株式会社の国際管理会計

関西大学 木 村 麻 子
日本スピンドル製造株式会社 豊 田 尊 久※

## §1 松下電器産業株式会社の概要[1]

### 1.1 松下電器産業株式会社の創業

　松下電器産業株式会社（以下，松下電器と略称する）は，1918年に松下電気器具製作所として大阪に創立された．創業当初の従業員数は，創業者である松下幸之助を含め，わずか3人であった．1920年には東京方面への販売を伸ばすために東京駐在を設置し，1922年に第一次本店・工場を完成させ，この段階で松下電器は家内工業から従業員50人を擁する小企業へと発展を遂げた．1929年には名称を松下電器製作所に改称し，同時に松下電器の進むべき道を示す綱領が制定された．この綱領は，その後修正が加えられ，現在の綱領（「産業人タルノ本分ニ徹シ　社会生活ノ改善ト向上ヲ図リ　世界文化ノ進展ニ　寄与センコトヲ期ス」）となっている．また，同年に第二次本店・工場を完成させている．

　1932年には，松下電器は従業員1,200人余り，製造品目200余種を擁する事業体へと成長した．翌1933年，第三次本店・工場を，現在の本社がある門真に完

---
※　本稿執筆時，関西学院大学大学院商学研究科研究員．
1)　本節の内容は，松下電器ホームページ内の社史，および（宮本寛爾，1992）を参照した．

成させた．この年，松下電器は独自の発想による事業部制を導入した．当時の事業部制は，ラジオ部門を第1事業部，ランプ・乾電池部門を第2事業部，配線器具・合成樹脂・電熱部門を第3事業部としており，これにより製品分野別の自主責任経営を可能とした．

### 1.2 初の海外進出

　松下電器は，1932年に貿易部を設けて輸出事業に着手していた．当時は，輸出については商社を介して行うのが一般的であったが，松下電器は自らの理念を海外市場でも推進することを目指し，1935年には松下電器貿易株式会社（以下，松下電器貿易と略称する）を設立して東南アジアを中心に販売拠点を作り，輸出を拡大していった．この時，松下電器は従業員約3,500人を擁し，製造品目も約600種に増えていた．1938年には同社に輸入部を設置し，松下電器および電機業界で必要とする資材を中心に原材料の輸入を開始した．

　海外販売拠点としては，1932年に京城出張所，1935年に奉天出張所，マニラに駐在員事務所を開設して以来，1937年までに満州国，朝鮮，台湾などに海外拠点を設けて市場の開拓に努めた．その後，戦争の拡大によって，貿易と海外市場での販売活動は不可能な状態となった．しかし，軍部の要請によって松下電器は，中国や東南アジアで数カ所に現地生産工場を建設した．1932年から太平洋戦争終結までに，松下電器が海外に建設した工場や販売拠点は39カ所に達していた．

### 1.3 終戦後の復興と本格的な海外進出

　海外の39カ所の工場および販売拠点は，1945年の終戦時，17カ所（内，工場は6カ所）にまで減っていた．しかも，敗戦に伴いこれらはすべて相手国に接収され，松下電器の海外活動は戦後の貿易再開まで停止された．なお，1935年に松下電器製作所は松下電器産業株式会社へ改組され，同時にそれまでの事業部制を発展させた分社制を採用し，事業部別に9社の子会社を設立した．

　敗戦後，松下電器は占領軍であるGHQ（連合国軍総司令部）の生産停止命

令や財閥解体政策によって創業以来最大の危機に直面した．しかし，1946年に結成された労働組合などの一致団結によってこれを乗り越え，その後1949年には製造所機構を廃止して工場別の独立採算性に改め，生産の合理化を徹底させることに成功した．さらに，1950年には再び組織構造の大改革を行い，工場別独立採算性で徹底的に合理化した工場を基礎に，伝統的な事業部制を復活させた．

　1951年，海外進出のための現地調査として松下幸之助社長が初めて訪米した．松下幸之助社長は，この訪米で海外進出の本格化を決意し，1952年には，オランダのフィリップス社と提携して松下電子工業を設立した．これに伴い，松下電子工業は，世界有数の技術水準と規模を持つ新工場を建設した．1954年に第一期工事を終了し，電球，蛍光灯をはじめ，真空管，ブラウン管，トランジスターなどの電子管，半導体の生産を始めた．これらの電子管や半導体を使用することによって，あらゆる種類のエレクトロニクス応用機器の品質を世界的な水準に高めたのである．

　販売については，1950年に販売会社制度を一部の地区で発足させ，翌年には本社の営業スタッフ部門の整備と営業出先機関の増設を進めた．販売会社の設立は1959年頃まで，日本全国各地で積極的に推進された．海外市場の開拓については，1951年から積極化した．1951年の8月には，戦後の松下電器グループ解体で独立した松下電器貿易を再び松下電器の傘下に入れて経営の立て直しを図った．それと同時に，東南アジア，中近東，南米などへ社員を派遣し，輸出ルートの開拓に努めた．さらに1953年には，海外の技術や市場動向を調査し，また海外進出の拠点とするために，ニューヨーク出張所を開設した．

　1955年頃から，日本国内では生活水準の向上によって，家庭用電化製品への需要が増加した．1956年頃には，白黒テレビ，洗濯機，冷蔵庫が「三種の神器」と呼ばれるようになった．こうした需要の増加に伴い，松下電器は事業分野を拡大し，1956年には11事業部を15事業部に細分化した．そして，新鋭工場を次々と建設し，本格的な量産を始めた．

　輸出の増進については，松下電器貿易に一層の努力を求めるとともに，松下

電器独自の販売網を海外にも建設し,製品の普及を図るための拠点として1959年9月にニューヨーク出張所を強化し,現地法人の販売会社「アメリカ松下電器」を設立した.同年11月には,製品の輸出だけでなく,技術,資本の輸出を含む海外進出活動を本格化するために,総括部門として国際本部を新設した.この輸出体制の強化により,松下電器の輸出高は1958年の32億円から1960年には130億円を越えるまでに増加した.また,総生産額に占める輸出の割合は,この間に6%から12%に上昇した.

### 1.4 生産拠点の展開と海外販売網の強化

1961年に入ると,「世界的視野に立って考え,全世界を対象に仕事を進める」という方針に基づき,輸出の増進に努めるとともに,海外諸国への技術援助,海外工場の建設を積極的に始めた.まず,1961年にはパキスタン,南ベトナム,ウルグアイの現地企業にラジオ組み立ての技術援助を行い,また,戦後初めての海外製造会社としてタイに60%出資の「ナショナル・タイ」を設立,技術援助を行って乾電池の現地生産を始めた.その後も,1962年から1968年までに台湾,マレーシア,メキシコ,プエルトリコ,ペルー,コスタリカ,タンザニア,ブラジル,フィリピン,オーストラリアの諸国にも海外製造会社を次々と設立した.その間の1960年代半ばは,国内の金融引き締めに伴って市況は悪化していた.しかし松下電器は自助努力[2]でこれを克服し,海外製造会社には,すべて松下電器の経営理念に基づき,その国の繁栄に貢献することを基本方針として運営させた.

輸出や技術援助と並行して,海外販売網の建設も進み,1963年には海外代理

---

2) 松下電器は,「これまで,事業部も営業所も販売会社も好況に慣れ,お互いに相手に依存する傾向になり,自主的な努力,意欲が失われてきていた」との反省から,1965年に新販売制度を実施した.その骨子は,① 全国的な販売会社網の整備と充実,② 営業所を経由しない「事業部直販制」,③ 新月販制度の三つであった.また,松下電器の内部においても,事業部の自主責任経営を徹底し,販売に直結した製品開発体制を強化するとともに,全面的な営業体制の革新を行い,販売会社,販売店を支援する体制を整えた.

店は100社を越えた．「アメリカ松下電器」に続く海外販売会社の建設も1962年以降から積極化し，同年にはヨーロッパ進出の拠点として西ドイツに「ハンブルグ松下電器」を設立した．それに続き，オーストラリア，フランスなど10カ国に松下電器貿易の駐在員事務所を開設し，さらにハワイ，ペルー，カナダ，コスタリカ，ブラジルなどの各地にも販売会社を新設した．これに伴い輸出高も増大し，1965年には330億円を超え，1967年には677億円に達した．

1968年には海外の製造会社は12社，販売会社は7社となり，海外会社は合計19社となった．この年，創業50周年を迎えた松下電器は，世界を視野に入れた経営姿勢をさらに鮮明にした．この1968年度，ベネズエラに製造会社を，メキシコに販売会社を設立し，輸出高は1千億円を超えた．また，1970年にはナショナル・コーベル株式会社（インドネシア）とフィリップス松下電池株式会社（ベルギー）の2製造会社を設立した．この他，販売会社としてタイに1社，パナマに2社を設立した．また，1971年にはニューヨーク証券取引所に株式を上場した．続いて，1972年には海外製造会社をシンガポールに1社，マレーシアに2社，インドに3社を設立し，販売会社をスウェーデン，イギリス，イタリア，西ドイツに各1社を設立した．これにより，1972年には海外の製造会社は22社，販売会社は15社となり，海外会社は合計で37社となった．さらに，1973年には製造会社を韓国，スペイン，イランに各1社を設立し，販売会社をベネズエラ，サルバドル，ベルギー，ブラジルに各1社を設立した．その結果，海外の製造会社は25社，販売会社は19社となり，海外会社は合計44社となった．また，同年にはアメリカ西海岸のパシフィック，アムステルダム，フランクフルト，デュッセルドルフ，香港，パリの各証券取引所へ株式を上場し，1973年にはアメリカを中心として米貨建て転換社債1億ドルを発行し，国際的な資金調達を行うこととなった．1974年には，製造会社をアメリカ，イギリス，ブラジルに各1社，販売会社をシンガポール，グァテマラ，ベルギーに各1社を設立し，海外会社は製造会社28社，販売会社22社の合計50社となった．

1973年の変動相場制への以降による円の大幅上昇とオイル・ショックによる不況は，1975年に入っても続いていた．この経営環境の変化に対応し，経営の

一層の効率化を図る体制として，松下電器は3総括事業本部（電化機器，無線機器，産業機器を事業本部とする）を設置し，各本部長が社長を代行することとなった．これに伴い，国内の事業部および製造関係会社は各総括事業本部長の管下のもとでその経営活動を展開することとなった．1976年には，海外の製造会社もこの体制を取り入れた．

### 1.5 長期ビジョンに沿った海外展開

　1978年，日本経済は低成長期に入り，円高，貿易摩擦などの懸案事項もあり，見通しの付きにくい不透明な時期を迎えた．そこで，短期的な見地から目先の変化に振り回されることのないように，従来の1年単位の事業計画に加え，1978年後半から3カ年の中期計画を導入した．次いで，1981年には，10年先を目標とする長期ビジョンを策定した．この長期ビジョンでは，総生産高に対して，輸出の割合25％と海外生産の割合25％を合わせ，海外比率を50％にすることが目標とされ，海外事業がより重視されることとなった．そこで同年，輸出，海外生産，および海外販売という海外事業全般を統一的方針のもとに経営管理するために，海外統轄本部が設立された．海外統轄本部は，事業部および松下電器貿易と緊密な連絡をとり，調整を行い，海外の地域ごとの戦略計画を行い，海外生産の総生産高に占める割合を増加させるために努力することとなった．

　また，この長期ビジョンによって，① 松下電器が家電事業をベースとした総合エレクトロニクス・メーカーへの道を歩み始めていること，② 将来性の高い部品，半導体，産業分野への展開を通じて，企業発展の道を見い出しうること，という二つの方向性が明らかにされた．このうち，総合エレクトロニクス・メーカーへの道をより具体的にするため，1983年に3カ年計画である「ACTION-61」をスタートした．この計画の狙いは，事業構造の改革と経営体質の強化，および海外事業の強化であった．海外事業を推進するに当たっては，① その国に歓迎される事業を行うこと，② その国の政府の方針に沿って事業を推進していくこと，③ 品質，性能，コストにおいて，国際的な競争力のある製品を生産していくこと，④ 海外に対する技術移転を積極的に推進す

ること，⑤ 利益の上がる経営体質を確立し，事業拡大のための資金は自ら生み出していくこと，⑥ 現地従業員の育成に努力すること，の6項目が基本的な考え方とされた．

海外会社は，1983年末に製造会社が27カ国に46社，販売会社が28カ国に34社となり，合計37カ国に80社となった．1983年の輸出高は9千億円を超え，海外生産高は4千億円を超えた．この時点で，海外比率は42.7％であった．

1984年には，本社，海外統轄本部の機能が松下電器貿易に移管された．これは，海外統轄本部と松下電器貿易の両組織を一本化することにより，① 松下グループの海外戦略の一元化，② 意思決定と行動の迅速化，③ トータル・コストの合理化による競争力の強化を実現し，海外部門の強化を図るという目的を達成するためである．これにより，松下グループの海外戦略はもとより，海外生産，輸出など海外事業の一元化を図ることができ，松下電器貿易は松下グループの海外事業推進の中核として総合的な展開を行うこととなる．この移管に伴い，松下電器貿易の新組織体制は以下の4点のように変更された．① 松下電器貿易の市販部門を北米，中南米，欧州，アジア・太平洋，中近東・アフリカの5つの地域本部に再編成し，地域本部長に輸出および海外生産を含めた海外事業推進の責任と権限を与える．② 各地域本部に海外事業推進部を新設し，海外統轄本部の地域担当の機能を移管する．③ 中国営業所，東京パナソニック営業所は地域本部と並列で中国市場，PX市場を担当する．④ 地域統括役員の下に地域統括室と海外宣伝部を設ける．地域統括役員は地域本部の問題に関して調整や援助などを行う．

中国市場では，1987年，松下電器は初めての合弁会社として，カラー・ブラウン管の製造会社，北京・松下彩色顕象管有限公司（BMCC）を設立した．出資比率は，松下側（松下電器・松下電子工業）と中国側が50％ずつであった．その後，1990年代には急成長する中国市場において活発な事業展開を進め，2001年4月までに44社の現地会社を設立している．

1988年には，経営方針として① 国際化の推進，② 技術力の強化，③ 重点事業への取り組み，の3点が挙げられた．この時点では，海外会社は製造会社

60社，販売会社は37社，金融会社4社の合計101社となっていた．同年4月には，よりグローバルな視点から事業を推進するため，松下電器は松下電器貿易を合併した．これにより，新しい国際化に向けたスタートが切られるが，ここでは① 海外事業基盤の確立，② 内なる国際化の推進，および ③ 世界との調和と共存への重点的な取り組みが重視された．同年10月には，海外事業の現地化をより徹底するために，米州，欧州・アフリカ，アジア・中近東の3地域本部が設置され，国際商事本部とともに社長直轄下に置かれた．また，海外生産推進室，国際人事部，為替資金部が新設され，広報本部傘下には海外広報部が，宣伝事業部傘下には海外企画部が新設された．輸入に関しては，日本をめぐる経済摩擦が激しさを増していた1989年7月に国際協調アクション計画を発表し，同年9月には国際協調推進室を設置して，① 輸入の拡大，② 海外生産の拡大，③ 内需の拡大の三つを柱に，バランスの取れた国際化を目指して積極的な活動を展開していくこととなった．

## 1.6 バブル崩壊後の低迷

1990年代，日本ではバブル経済が崩壊し，不況は深刻化した．電機業界でも需要が低迷し，苦しい経営を強いられた．1993年には森下洋一氏が社長に就任し，松下電器の再生を目指して「創造と挑戦」を旗印に積極的な改革に取り組むこととなった．

1993年には，松下電器はフィリップス社が保有していた松下電子工業の株式を買い取り，フィリップス社との合併関係を解消した．その後，松下電子工業は，2001年4月に松下電器に合併され，社内分社である「半導体社」「ディスプレイ・デバイス社」「照明社」として新たなスタートを切ることとなった．

1997年，松下電器は，森下洋一社長のもと，「発展2000年計画」に基づいたグローバルな経営構造改革に着手し，新たな経営組織体制として社内分社制を導入した．これは，① 技術の急速な進歩，② 商品の融合化・複合化，③ 事業のグローバル化といった状況に対応し，一つの経営意思のもとに連携して事業活動を進めていくべき事業部を「事業群」として集約し，戦略的な事業経営

を迅速に進めることを狙いとしたものである．一つの経営単位となる社内分社としては，AVC社，電化・住設社，エアコン社，モーター社の4社が発足した．運営の基本は，① 現在の分社と同等の位置づけとし，独立した株式会社と同じような体制・運営とする，② 責任経営体制の基本単位とし，事業計画，および決算の検討・報告は社内分社単位で行う，③ 経営は分社社長に一任され，その裁量によって最適な経営を行う，④分社内の組織の基本は事業部制とする，という4点であった．

### 1.7 改革に向けた準備

2000年，森下社長の改革路線を引き継いだ，中村邦夫社長を中心とする新体制が発足した．中村社長は，森下社長のITを駆使した「21世紀型『超・製造業』」への企業革新と，企業内の全階層・全社員が顧客と直接対面する「フラット＆ウェブ型組織構造」への転換の重要性を訴えた．そして同年11月には，2001年度からの3カ年経営計画「創生21計画」の概要を発表した．

中村社長が新社長として真っ先に取り組むべき最重要課題として挙げたのは，「本業である製造業として収益性を高めること」であり，「そのためには軽くて早い体質を持たなければならない」とした．その上で，中村社長が計画を設定するに当たって，なすべきこととして掲げたのは，① インフラとしてのITの整備，拡充，強化，② 意識改革を伴う，製造業としての体質改善，③ 決算規定や経理規定，業務規定，およびオペレーションの変更を要するような大幅な権限委譲，④「顧客のために」という柔らかい発想をもとにした製品開発，の4点であった（週刊ダイヤモンド，2000/9/9）．また，彼が掲げた行動指針は，スピード（Speed），シンプリシティ（Simplicity），ストラテジー（Strategy），シンシアリティ（Sincerity），スマイル（Smile）の5つの「S」であった（松下電器産業株式会社ホームページ）．

以上のような基本的なスタンスのもと，中村社長は「創生21計画」をはじめとする3カ年経営計画を設定していく．次節では，その詳細について考察し，またその結果であるところの業績等について論じる．

## §2　組織構造と経営管理[3]

### 2.1　低迷期脱却に向けた改革

「創生21計画」の目的は,「超・製造業」への革新に向けて「破壊と創造」(全社構造改革と全社成長戦略の構築・実行) を行い, 21世紀においても社会に貢献できる新しい松下電器を創生することであった. そして, 2003年度に目指す目標値として, ① 収益性：連結営業利益率 5％以上, ② 資本収益性：CCM (キャピタル・コスト・マネジメント) 0以上, ③ 成長性：連結売上高 9兆円, の三つを設定した.

松下電器は, この「創生21計画」の後, 2004年度から同じく 3カ年経営計画である,「躍進21計画」を実施した.「躍進21計画」は, 基本的に「創生21計画」を踏襲するものであった. V商品[4]を市場に投入することで成長事業の加速を促し, また, 徹底した資産のスリム化, ITを駆使したプロセス革新, 事業への投資の選択と集中を継続して行うことで, 経営体質の強化も図るというものであった.

なお,「躍進21計画」における全社目標は,「創生21計画」に続いて, ① 2005年度までにすべての事業ドメイン会社でCCMゼロ以上を確保し, 2006年度には営業利益 5％以上, 全社連結 CCM 0 以上にするという 2 点であった.

図表 3-1 にあるように, 中村社長の着任後 2 年目の2001年度 (2002年3月期), 松下電器は創業以来初の赤字決算となる. その前兆は2001年度前半から

---

3)　本節の内容は, アニュアル・レポート2002, 2003, および2004を参照したものである.

4)　V商品とは, ボリューム・ゾーンで占有率ナンバー・ワンを達成し, 収益に大きく貢献する商品のことをいい, ① 他社が容易に追随できない先進的で独自の技術であるブラック・ボックス技術を持つこと, ② 誰にでも優しく簡単便利なユニバーサル・デザインであること, ③ 省エネルギー, 省資源など環境への配慮した商品であること, という三つの要件を満たすものであるという (アニュアル・レポート2004).

第3章 松下電器産業株式会社の国際管理会計　55

図表3-1　松下電器の各種データ（連結ベース）

売　上　高

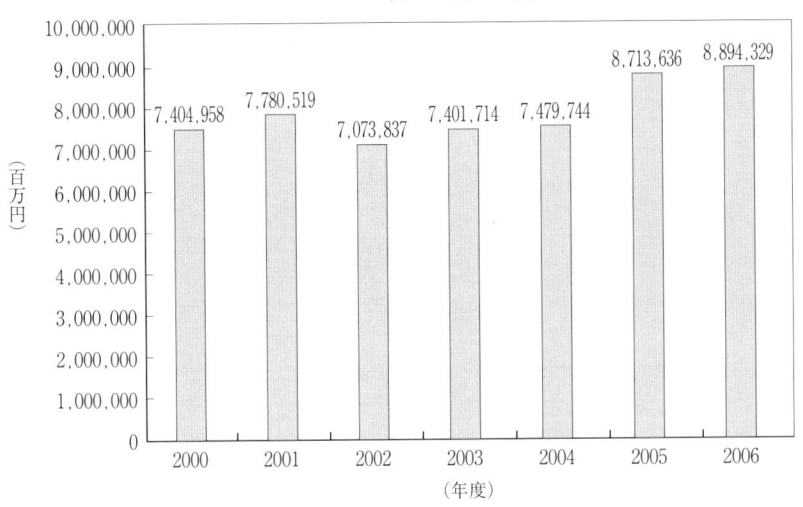

（百万円）

| 年度 | 売上高 |
|---|---|
| 2000 | 7,404,958 |
| 2001 | 7,780,519 |
| 2002 | 7,073,837 |
| 2003 | 7,401,714 |
| 2004 | 7,479,744 |
| 2005 | 8,713,636 |
| 2006 | 8,894,329 |

営　業　利　益

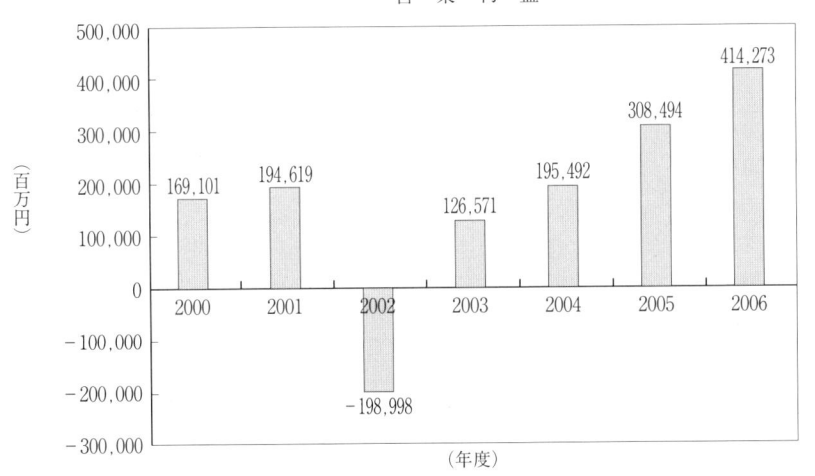

（百万円）

| 年度 | 営業利益 |
|---|---|
| 2000 | 169,101 |
| 2001 | 194,619 |
| 2002 | -198,998 |
| 2003 | 126,571 |
| 2004 | 195,492 |
| 2005 | 308,494 |
| 2006 | 414,273 |

56　第2部　国際管理会計の実態

資　本　金

(百万円)

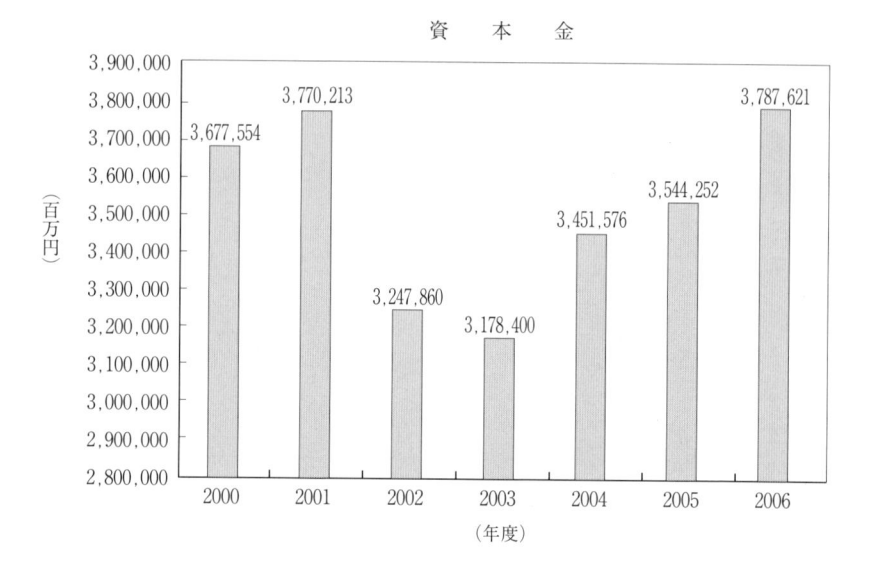

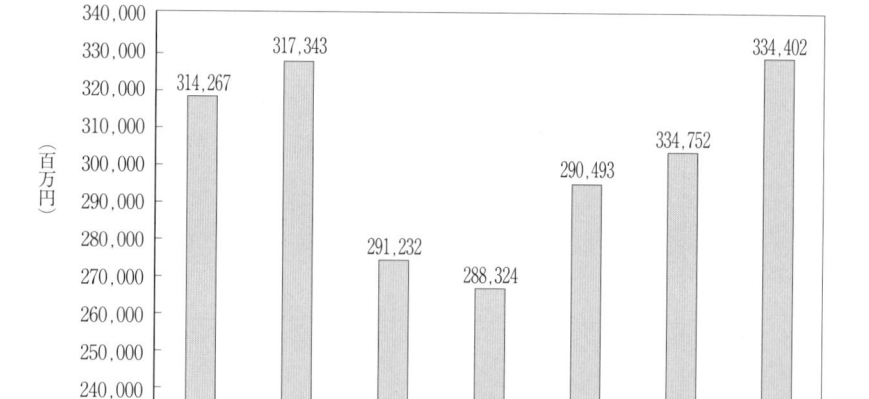

| 年度 | 資本金 |
|---|---|
| 2000 | 3,677,554 |
| 2001 | 3,770,213 |
| 2002 | 3,247,860 |
| 2003 | 3,178,400 |
| 2004 | 3,451,576 |
| 2005 | 3,544,252 |
| 2006 | 3,787,621 |

従　業　員　数

(百万円)

| 年度 | 従業員数 |
|---|---|
| 2000 | 314,267 |
| 2001 | 317,343 |
| 2002 | 291,232 |
| 2003 | 288,324 |
| 2004 | 290,493 |
| 2005 | 334,752 |
| 2006 | 334,402 |

出典：松下電器産業アニュアル・レポート2004，2006をもとに作成

すでに現れていた．2001年度第１四半期の決算発表は，売上高１兆6,748億円（前年比94％），営業損失387億円，純損失194億円という結果であった．

中村体制下での松下電器の企業規模等は，以下の通りである．ここで示す図表はすべて連結ベースのものであり，各ドメインに関するデータについては後に述べることとする．

松下電器が四半期決算を導入して以降，初めての赤字決算であり，またリストラクチャリングの一環として断行した人員削減への批判もあり，多くの雑誌等が特集を組み，中村社長の手腕を問うた（週刊東洋経済，2001/5/26.；週刊ダイヤモンド，2001/8/25.；日経ビジネス．2001/5/28.）．さらに，福祉年金制度[5]の減額にあたっては，松下電器の退職者からも不満が続出した（エコノミスト，2002/6/18.）．

それでもなお，中村社長は改革の手を緩めなかった．赤字決算の理由には，① 2001年当時の国内外の需要減退，② 競争激化による価格低下，③ 人員削減のための一時金支払い（約1,640億円），④ 事業再編に伴う設備の評価損等，⑤ 株式市況の悪化による保有株式の評価損（約928億円），等を挙げた（松下電器産業株式会社，『2002年３月期有価証券報告書』）．赤字決算にはなったが，中村社長は，「いまは環境がよくないが，「破壊と創造」を目指す創生21の方向性は間違っていない．今のまま改革が進めば企業の体質は間違いなくよくなる」として，「創生21計画」を断行し，さらに「躍進21計画」を推し進めた．リストラクチャリングを進めると共に，積極的な組織再編，経営管理の改革も行った．それらの結果が，2002年度決算以降，着々と増加する売上高や営業利益として実を結ぶ．中村社長は，その言葉通りの結果を出した．

本稿の目的は，その中村社長の行った経営改革を，国際管理会計の見地から考察し，論じるところにある．そこでまず，以下では，中村社長功績のうちでも特に組織構造と経営管理について考察することとする．

---

5) 福祉年金制度とは，1966年に松下幸之助氏の発案で始まった松下独自の制度であり，退職金の一部を会社が預かり，一定の金利を保証して支払うというものである．受給は年２回で，利率は高いときで10％程度であった．

## 2.2 組織構造と経営管理の改革

　先述のように,松下電器は,森下洋一社長(現会長)のもとで1997年から着手した「発展2000年計画」において,成長の礎をつくるべく社内分社制の導入を始め,事業構造改革に取り組み始めた.

　さらに,2000年に社長に就任した中村邦夫氏は,「破壊と創造」を掲げ,松下電器の大改革に取り組むこととなる.中村社長体制下における主な松下グループ再編の動きは,次の図表の通りである.

　中村社長の体制下,松下電器は2000年～2001年度にかけて「創生21計画」の策定と実施を進めた.この計画では,新しい時代がもたらす事業機会を的確に捉え,企業価値を最大化させていくため,20世紀の松下電器の成功体験に基づく旧来の仕組みを大きく見直し,顧客の求める価値を創造する「超・製造業」に向けた新たな展開を図っていく方針を打ち出した.その柱は,① 収益性・効率性向上に重点を置いた構造改革,② 成長戦略の構築である.そして,この要件として,① 強いデバイス事業,② スピーディーなものづくり対応力,③ 顧客本位のサービスを起点としたビジネス・スタイルの三つを挙げている.また,構造改革としては,① 本社改革,② 家電・流通改革(ナショナル,パナソニック両マーケティング本部体制),③ 事業部間の構造改革(事業の選別と集中・加速,ファクトリー・センター構想),④ 雇用構造改革(特別ライフ・プラン支援制度など)を挙げている.

　2001年度に行われた改革では,国内外を問わない拠点の統廃合や国内家電流通改革,雇用構造改革などが一切の聖域を設けずに行われ,それまでの経営システムを見直して新たな仕組みが構築されてきた.それと同時に,ITを駆使した生産プロセスの改革や,技術プラットフォーム体制の構築による研究・開発・設計体制改革,集約化・一元化・標準化の推進によりコスト合理化を促進してきた.

　2002年度から2003年度にかけては,松下電器グループの組織再編が行われた.2002年10月にはグループ会社5社(松下通信工業(株),九州松下電器(株),松下精工(株),松下寿電子工業(株),松下電送システム(株))を株式交換により

図表 3-2　中村社長体制における松下グループの主な再編

| 年 月 | | 事　象 |
|---|---|---|
| 2000 | 6 | 中村邦夫社長就任 |
| | 6 | 松下電送システム　国内生産体制見直しで2拠点閉鎖 |
| | 10 | 東レ (25%) と共同出資して松下プラズマ・ディスプレイ(株)を設立 |
| 2001 | 1 | 松下電子工業(現パナソニック・エレクトロニクス・デバイス)を吸収合併 |
| | 1 | 米国でのエアコン用コンプレッサ工場操業停止 |
| | 4 | 創生21計画スタート |
| | 4 | 家電流通改革マーケティング本部設立 |
| | 8 | NECと次世代携帯電話端末分野で提携 |
| | 9 | 特別ライフ・プラン支援制度募集開始 |
| | 10 | 東芝と液晶事業の統合を発表 |
| | 10 | 東芝とブラウン管資材共同購入新会社の設立を発表 |
| | 11 | 英国携帯電話子会社解散を発表 |
| 2002 | 1 | 株式交換による系列5社完全子会社化を発表 |
| | 1 | 特別ライフ・プラン支援制度募集締め切り |
| | 4 | TCL集団と家電分野提携に合意 |
| | 4 | 九州松下電器と松下電送システムが合併 |
| | 9 | 松下電子部品，松下電池工業完全子会社化 |
| | 9 | 東芝とブラウン管事業を統合 |
| | 10 | 系列5社の完全子会社化が完了 |
| 2003 | 1 | 新事業体制（ドメイン制）のスタート |
| | 4 | 新経理制度開始 |
| | 4 | Panasonicをグローバルブランドとして統一 |
| | 8 | ミネベア・松下電器産業　情報モータ4商品事業統合発表 |
| | 12 | TOBによる松下電工の子会社化を発表 |
| 2004 | 4 | 空調社を松下ホーム・アプラアンス社に統合 |
| | 4 | 松下電器産業・松下工業　ブランド統一 |
| | 4 | TOB完了により松下電工が子会社化 |
| | 6 | カー・エレクトロニクス事業　国内生産拠点の集結 |
| | 6 | 携帯電話端末　国内生産拠点の集結 |
| 2005 | 4 | 松下産業グループを解体し各子会社と統合 |
| | 4 | 松下寿工業からパナソニック四国エレクトロニクスに号変更 |

出典：週刊ダイヤモンド，2004をもとに一部加筆して作成

完全子会社化した．これら上場している子会社を本体に吸収することは，当初困難であると予想された．たとえば松下通信工業の株価は1株15,000円であり，財務面から見ても非常に難しいものであった．しかし，株価ではなく米国証券取引委員会の基準に従って，営業権会計を導入することで市場価格を抑え，完全子会社化を実現させた（McInerney, 2007, 沢崎訳, 2007）．そして，2003年1月1日から，松下電器の伝統であった事業部制を廃し，14事業ドメインに再編した新しいドメイン分社体制による経営管理を推進している．ドメイン分社体制の主たる目的は，従来の事業部制における事業部間の事業活動および研究開発活動の重複・競合を排除し，開発リソースの集中・一元化，および開・製・販の経営権の一元化の達成を目指すことである．

このグループ事業の再編を図示したものが図表3-3であり，新たなドメイン分社体制におけるセグメントの内容が図表3-4である．また，各セグメントの概要については，図表3-5が示す通りである[6]．

図表3-3　松下におけるグループ事業の再編

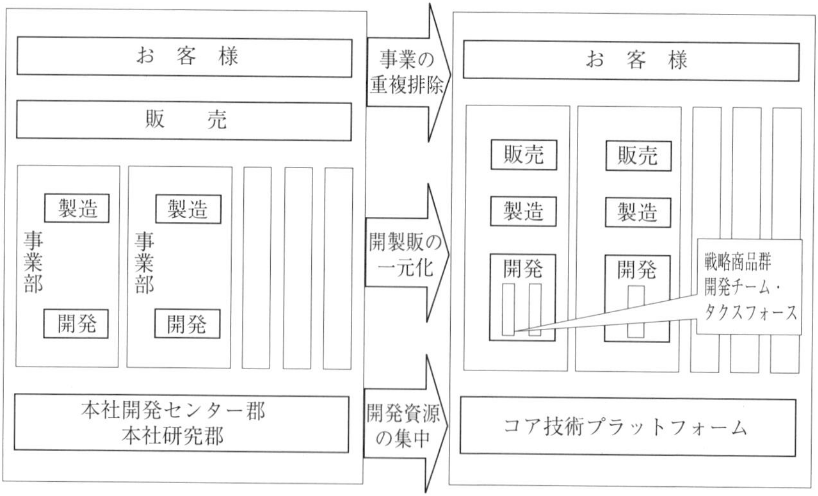

出典：松下電器産業アニュアル・レポート2003

---

6)　図表3-5の2000年度および2001年度の数値は公表されておらず，図表のみ記されていた．本論文ではそのアニュアル・レポートの図表を再現すると共に，2005年／

第3章　松下電器産業株式会社の国際管理会計　61

図表3-4　松下のドメイン分社体制における各セグメントの内容

| | | | |
|---|---|---|---|
| AVC ネット ワーク | ・AVC<br>・固定通信<br>・移動通信<br>・カー・エレクトロニクス・システム | ・パナソニックAVCネットワークス社<br>・パナソニック・コミュニケーションズ(株)<br>・パナソニック・オートモーティブ・システムズ社<br>・パナソニック・システム・ソリューションズ社<br>・パナソニック四国エレクトロニクス(株) | プラズマ・テレビ, 液晶テレビ, ブラウン管テレビ, DVDレコーダー, DVDプレーヤー, ビデオ, ビデオ・カメラ, CD・MD・SDプレーヤー, その他オーディオ機器, SDメモリー・カード等記録メディア, 光ピックアップ, 光学デバイス, パソコン, 光ディスク駆動装置, 複写機, プリンター, 電話機, 携帯電話機, ファクシミリ, 放送・業務用AVシステム機器, 通信ネットワーク関連機器, 交通関連システム機器, カー・オーディオ, カー・ナビゲーション等自動車用関連機器 |
| アプライアンス | ・家庭電化/住宅設備/健康システム<br>・照明<br>・環境システム | ・ホーム・アプライアンスグループ　松下ホーム・アプライアンス社　松下冷機(株)<br>・ヘルスケア社<br>・照明社<br>・松下エコ・システムズ(株) | 冷蔵庫, エアコン, 洗濯機, 衣類乾燥機, 掃除機, アイロン, 電子レンジ, 炊飯器, その他調理機器, 食器洗い乾燥機, 扇風機, 空気清浄機, 電気・ガス暖房機, 電気・ガス給湯器, 温水洗浄便座, 健康・ヘルスケア機器, 照明管球, 換気・送風・空調機器, カー・エアコン, コンプレッサー, 自動販売機, 医療機器 他 |
| デバイス | ・半導体<br>・ディスプレイ・デバイス<br>・電池<br>・電子部品<br>・モータ | ・半導体社<br>・松下電池工業(株)<br>・パナソニック・エレクトロニクス・デバイス(株)<br>・モータ社<br>・その他 | 半導体, 電子部品 (コンデンサー, モジュール, 回路基板, 変成器, 回路部品, 機構部品, スピーカー等), モーター, 電池 他 |
| 電工・パナホーム | | ・松下電工(株)<br>・パナホーム(株) | 照明器具, 配線機器, 分電盤, 美・理容器具, 健康機器, 水まわり設備, システム・キッチン, 内装建材, 外装建材, 電子材料, 制御機器, 戸建住宅, 集合住宅, 医療・福祉施設, リフォーム, 不動産仲介, 賃貸管理 等 |
| 日本ビクター | | ・日本ビクター(株) | 液晶テレビ, プロジェクション・テレビ, プラズマ・テレビ, ブラウン管テレビ, ビデオ, ビデオ・カメラ, DVDレコーダー, DVDプレーヤー, CD・DVD・MDオーディオ・コンポおよび関連機器, カーAV機器, 業務用AVシステム, モーター等精密機器用部品, 記録メディア, 音楽・映像ソフト, インテリア家具 他 |
| その他 | ・FA | ・パナソニック・ファクトリー・ソリューションズ(株)<br>・松下溶接システム(株)<br>・その他 | 電子部品自動実装システム, 業務用ロボット, 溶接機器, 自動車, 輸入部材 他 |

出典：松下電器産業アニュアル・レポート2006

↘および2006年のデータを加えた．また，松下電工・パナホームというセグメントは，2004年度の松下電工の子会社化に伴うものであるため，それ以前のデータがない．

## 62　第2部　国際管理会計の実態

**図表3-5　松下のドメイン分社体制における各セグメントの概要**

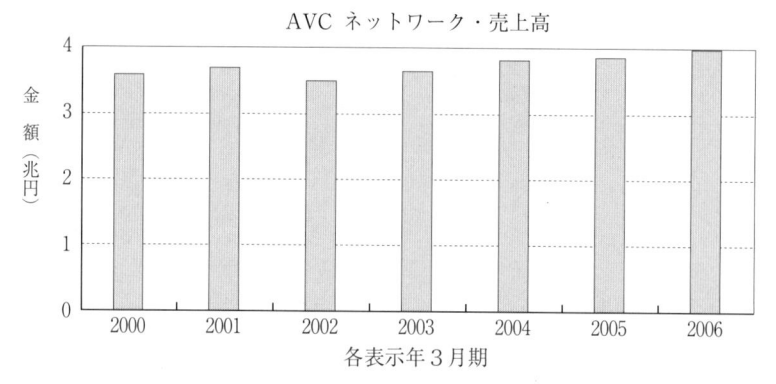

AVC ネットワーク・売上高

金額（兆円） 縦軸：0〜4
各表示年3月期

（単位：百万円）

| 年度 | 売　上　高 |
|---|---|
| 2002年 | 3,508,624 |
| 2003年 | 3,668,195 |
| 2004年 | 3,840,268 |
| 2005年 | 3,858,781 |
| 2006年 | 3,986,088 |

AVC ネットワーク・事業別利益（損失）

金額（億円） 縦軸：-400〜2,000
各表示年3月期

（単位：百万円）

| 年度 | 売　上　高 |
|---|---|
| 2002年 | (35,625) |
| 2003年 | 82,828 |
| 2004年 | 129,102 |
| 2005年 | 127,366 |
| 2006年 | 190,885 |

第3章　松下電器産業株式会社の国際管理会計　　63

アプライアンス・売上高

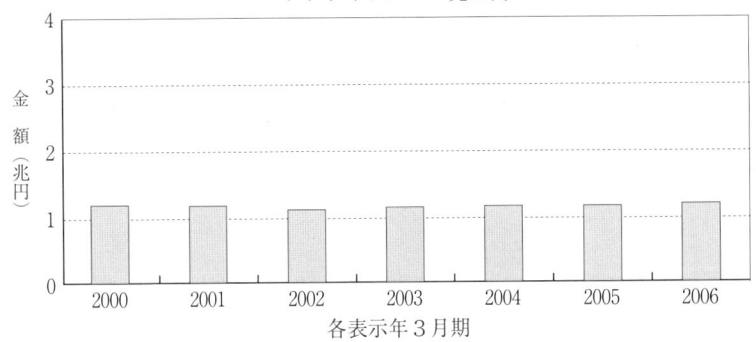

金額（兆円）

各表示年3月期

(単位：百万円)

| 年度 | 売　上　高 |
|---|---|
| 2002年 | 1,170,785 |
| 2003年 | 1,197,481 |
| 2004年 | 1,223,190 |
| 2005年 | 1,229,768 |
| 2006年 | 1,241,202 |

アプライアンス・事業別利益（損失）

金額（億円）

各表示年3月期

(単位：百万円)

| 年度 | 売　上　高 |
|---|---|
| 2002年 | 32,611 |
| 2003年 | 45,240 |
| 2004年 | 52,759 |
| 2005年 | 74,794 |
| 2006年 | 77,135 |

64　第 2 部　国際管理会計の実態

デバイス・売上高

(単位：百万円)

| 年度 | 売 上 高 |
|---|---|
| 2002年 | 1,534,728 |
| 2003年 | 1,709,732 |
| 2004年 | 1,659,672 |
| 2005年 | 1,469,007 |
| 2006年 | 1,368,258 |

デバイス・事業別利益（損失）

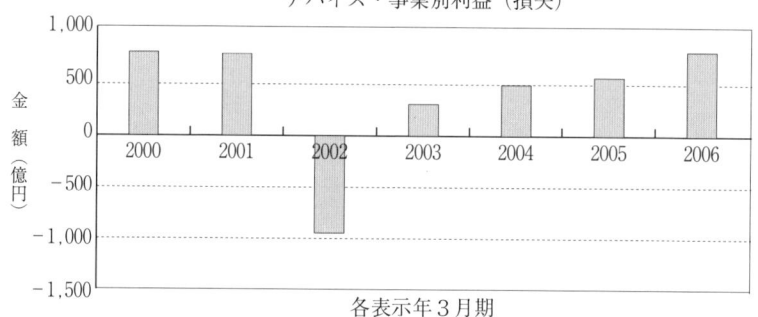

(単位：百万円)

| 年度 | 売 上 高 |
|---|---|
| 2002年 | (95,714) |
| 2003年 | 31,213 |
| 2004年 | 50,099 |
| 2005年 | 57,761 |
| 2006年 | 81,111 |

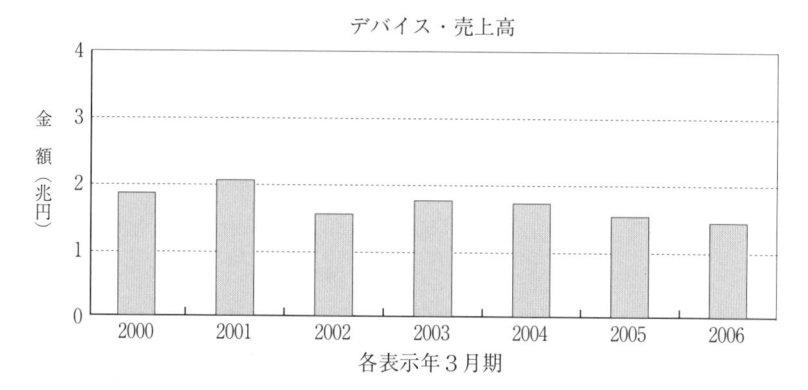

第3章 松下電器産業株式会社の国際管理会計　65

松下電工・パナホーム

金額（兆円）

各表示年3月期

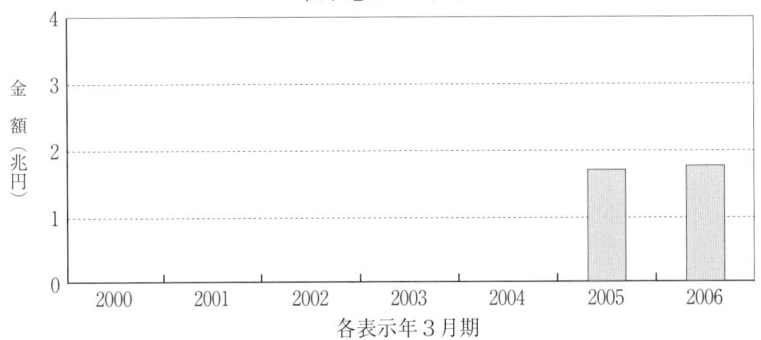

（単位：百万円）

| 年度 | 売 上 高 |
|---|---|
| 2002年 | － |
| 2003年 | － |
| 2004年 | － |
| 2005年 | 1,628,372 |
| 2006年 | 1,695,949 |

松下電工・パナホーム・事業別利益（損失）

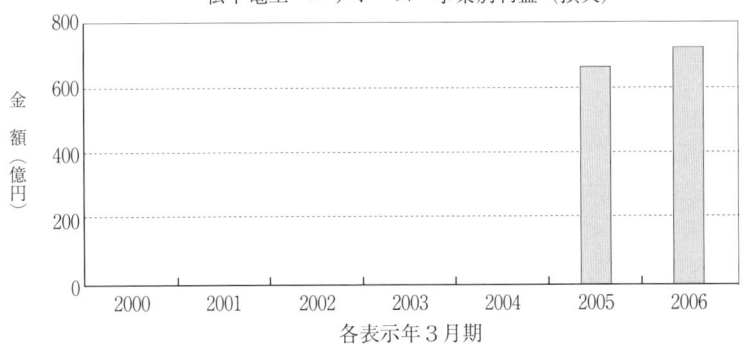

金額（億円）

各表示年3月期

（単位：百万円）

| 年度 | 売 上 高 |
|---|---|
| 2002年 | － |
| 2003年 | － |
| 2004年 | － |
| 2005年 | 66,761 |
| 2006年 | 72,694 |

66　第2部　国際管理会計の実態

ビクター・売上高

金額（兆円）

各表示年3月期

(単位：百万円)

| 年度 | 売 上 高 |
|---|---|
| 2002年 | 834,819 |
| 2003年 | 851,509 |
| 2004年 | 818,999 |
| 2005年 | 730,209 |
| 2006年 | 703,116 |

日本ビクター・事業別利益（損失）

金額（億円）

各表示年3月期

(単位：百万円)

| 年度 | 売 上 高 |
|---|---|
| 2002年 | (12,345) |
| 2003年 | 21,863 |
| 2004年 | 24,675 |
| 2005年 | 9,887 |
| 2006年 | (5,782) |

第3章　松下電器産業株式会社の国際管理会計　67

その他・売上高

各表示年3月期

(単位：百万円)

| 年度 | 売　上　高 |
|---|---|
| 2002年 | 725,357 |
| 2003年 | 819,055 |
| 2004年 | 948,728 |
| 2005年 | 1,027,123 |
| 2006年 | 1,315,292 |

その他・事業別利益（損失）

各表示年3月期

(単位：百万円)

| 年度 | 売　上　高 |
|---|---|
| 2002年 | (32,388) |
| 2003年 | 13,042 |
| 2004年 | 14,701 |
| 2005年 | 38,352 |
| 2006年 | 62,225 |

出典：松下電器産業アニュアル・レポート2004をもとに作成

この新しい事業体制の特徴は,「エンパワメント（権限委譲）」と「資本ガバナンス」にあるという．権限委譲の結果,各事業ドメイン会社はその事業についてのすべての権限と責任を負い,本社は配当を受ける株主の視点からその経営を監視する．これは,各事業ドメイン会社に明確な決断力と実行力を持たせ,顧客本位の事業展開を実現するためである．

また,事業再編の実効性を高めるために,組織再編と併せて資本ガバナンスの仕組みも構築された．具体的には,従来の事業部制の根幹であった① 賦課費体系,② 出資・配当金制度,および③ 事業評価基準の見直しが行われた．

第一は,各事業ドメイン会社に課される本社費などの賦課費を,従来は売上高に比例した変動費であったのを,本社が提供する役務に応じた固定費へと変更した．第二は,本社に支払う配当基準を各社の連結株主資本に対する一定率に変更し,赤字でも徴収することとした．これにより,事業ドメイン会社における赤字事業の解消が資金面からも要請され,加速されることとなった．

また,海外製造会社への出資基準は,本社もしくは地域統括会社（地域における本社の代行機関）からの100％出資とし,各事業ドメイン会社は傘下の海外会社への出資分100％を本社に預託することにより,事業ドメイン会社による出資と経営責任の実質的な一体化が図られた（事業部制における海外事業では,一つの投資案件に対して本社から4割,事業部から6割の比率で投資が行われていた）．第三は,本社が行う業績評価基準について,自主責任経営を徹底し権限委譲を実効性あるものとするために,資本収益性を表すCCMと,資金創出力を表すキャッシュ・フローという,資本市場とベクトルを合わせた二つの結果指標（いずれもグローバル連結ベース）へと絞り込んだ（事業部制においては,製品別の売上利益率,利益,売上高,市場占有率,在庫の回転率,借入金,および従業員数を重視していた）．この業績評価基準について詳述したものが,図表3-6である．

なお,業績評価基準であるCCMはプラスを要求され,次のように算出される.

$$CCM = (税引前利益 - 受取利息 + 支払利息) - 投下資本コスト$$

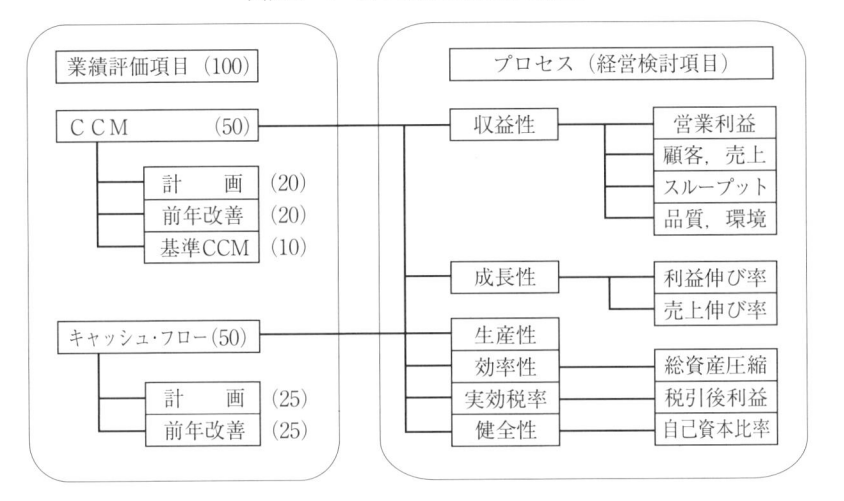

図表3-6　松下電器の業績評価基準

```
業績評価項目（100）              プロセス（経営検討項目）
  CCM        （50）              収益性 ─┬─ 営業利益
    ├─ 計　画   （20）                  ├─ 顧客，売上
    ├─ 前年改善 （20）                  ├─ スループット
    └─ 基準CCM  （10）                  └─ 品質，環境

                                  成長性 ─┬─ 利益伸び率
                                          └─ 売上伸び率
  キャッシュ・フロー（50）
    ├─ 計　画   （25）            生産性
    └─ 前年改善 （25）            効率性 ─── 総資産圧縮
                                  実効税率 ─ 税引後利益
                                  健全性 ─── 自己資本比率
```

投下資本コスト＝事業資産残高×投下資本コスト率（8.4％）

　税引前営業利益は，スターン・スチュワート社（Stern Stewart & Co.）の提案している経済付加価値（EVA）における税引後営業利益ではなく，GAAPに基づく会計上の税引前営業利益である．また，資本コストについては，資本市場の期待を満たす上で最低限必要な利益であると考え，これを8.4％としている．事業資産残高については，次のように算出される．

事業資産残高＝現預金を除く流動資産＋固定資本＋投資

　CCMとキャッシュ・フローの重視は，事業資産の削減と利益およびキャッシュ・フローの増大を事業ドメイン会社に重視させることとなり，赤字事業からの撤退を加速し，黒字事業だけを残す仕組みとなっている．

　なお，2006年における松下電器の組織体制は，図表3-7の通りである．

## §3　海外事業活動の経営管理

　2003年における松下電器の海外会社は，図表3-8のようになっている．
　松下電器では，海外事業を全社的な「成長エンジン」とし，事業拡大とグ

**図表 3-7　松下電器の組織体制**

**松下電器産業株式会社**

| 本社部門 | 経営企画・経理・人事・総務など各職能部門，経営品質革新本部，IT革新本部，法務本部，女性躍進本部，コーポレート・コミュニケーション本部，環境本部，品質本部，資材調達本部，知的財産権本部，東京支社，コーポレート・情報システム社，パナソニック・デザイン社，eネット事業本部 他 |
|---|---|
| R&D部門 | 先端技術研究所，ソフトウェア開発本部，ネットワーク開発本部，先行デバイス開発センター 他 |
| 営業部門 | パナソニック・マーケティング本部，ナショナル・マーケティング本部，専門店販売促進本部，電材営業本部，インダストリー営業本部，CS |
| 海外部門 | 北米本部，中南米本部，欧州本部，CIS中近東アフリカ本部，アジア太平洋本部，中国・北東アジア本部，海外事業本部，国際商事本部，グローバル・プロキュアメント・サービス社 他 |

**社内分社・事業部**

```
半導体社
パナソニック AVC ネットワークス社
パナソニック・オートモーティブ・システムズ社
パナソニック・システム・ソリューションズ社
ホーム・アプラアンス・グループ
ヘルスケア社
照明社
モータ社

［単独事業部］精密キャパシタ事業部 他
```

**主要子会社**

```
パナソニック・コミュニケーションズ株式会社
松下電子部品株式会社
パナソニック・モバイル・コミュニケーションズ株式会社
パナソニック・ファクトリー・ソリューションズ株式会社
松下エコシステムズ株式会社
松下電池工業株式会社
松下寿電子工業株式会社
松下産業情報機器株式会社
松下電工株式会社
日本ビクター株式会社
パナホーム株式会社
```

出典：松下電器ホームページ 2007

第3章　松下電器産業株式会社の国際管理会計　71

**図表3-8　松下電器の海外会社の状況（2003年）**

海外子会社・関係会社（2003年6月1日現在）

| ・業種別会社数 | | ・地域別会社数 | |
|---|---|---|---|
| 統括/支援会社 | 5 | 北米 | 26 |
| 製造・販売会社 | 52 | 中南米 | 10 |
| 製造会社 | 91 | 欧州 | 46 |
| 販売会社 | 43 | CIS中近東アフリカ | 6 |
| 研究・開発会社 | 16 | アジア太平洋 | 75 |
| 金融会社 | 4 | 中国・北東アジア | 63 |
| その他 | 15 | （合計　41カ国　226社） | |

出典：松下電器産業アニュアル・レポート2003

ループ全体の業績牽引を担うものと位置づけている．2003年の事業ドメイン別体制へのグループ再編を機に，各海外事業会社はそれぞれの事業ドメイン会社のグローバル連結経営の中に組み込まれ，グローバル連結ベースのCCMとキャッシュ・フローによって業績評価が行われている．また，各地域の地域統括会社を持ち株会社とし，当該地域内のグループ会社への直接出資，およびその回収管理についての責任を負わせている．この改革によって，松下電器は海外事業の拠点統廃合の加速と，海外事業における業績のV字回復および投資回収率の改善を実現したという（アニュアル・レポート2004）．なお，松下電器におけるグローバル連結経営の仕組みは，次の図表3-9の通りである．

**図表3-9　松下電器のグローバル連結経営の仕組み**

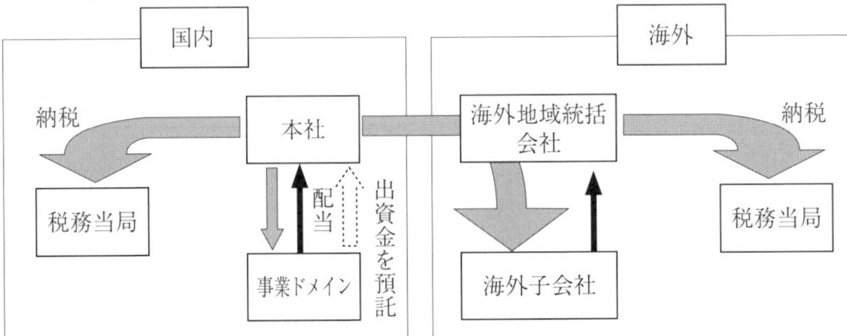

出典：週刊ダイヤモンド，2003/3/8をもとに作成

また，これを配当金および納税に限って改革前と改革後を比較したものが，次の図表 3-10 である．

**図表 3-10 松下電器における配当金および納税の仕組み**

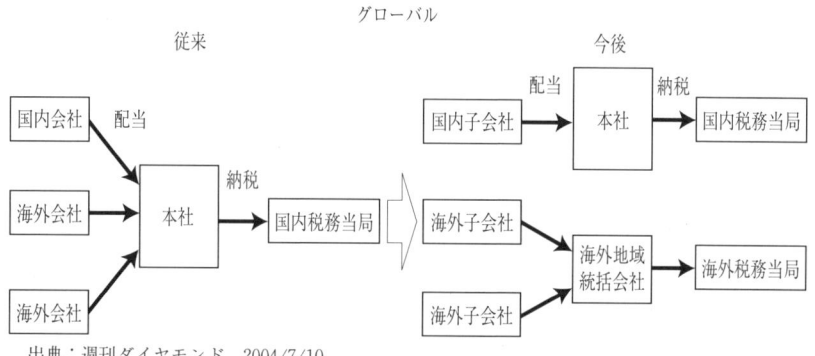

グローバル

従来 / 今後

国内会社 →配当→ 本社 →納税→ 国内税務当局
海外会社 → 本社
海外会社 →

国内子会社 →配当→ 本社 →納税→ 国内税務当局
海外子会社 →
海外子会社 → 海外地域統括会社 → 海外税務当局

出典：週刊ダイヤモンド，2004/7/10

海外事業の経営体制について，海外の地域統括会社は，それぞれの地域においてグローバル＆グループ本社を代行する．また，地域内のすべての事業会社はいずれかの事業ドメイン会社のグローバル連結経営に組み込まれると同時に，その所在地の地域統括会社の地域総連結経営にも組み込まれる．これにより，海外事業はそれぞれの事業ドメイン会社の「事業軸」でのグローバル戦略と，地域統括会社の「地域軸」での成長戦略との二つの側面から管理されることとなる．松下電器は，こうした海外事業の経営体制を「事業」と「地域」という二つの側面を持ったマトリックス経営として捉えている（アニュアル・レポート2004）．これを図示したのが，次の図表 3-11 である．

また，近年における松下電器の海外各地域における売上高の推移は，次の通りである[7]．

松下電器の2006年3月期における1年間の海外売上高は4兆2,829億円である．2006年までの海外売上高合計は，円ベースで常に前年比100％以上となっ

---

7) アニュアル・レポートの区分にしたがって図表を作成しているため，図表 3-11 の海外会社の地域的区分とは異なっている．これは，出典のアニュアル・レポートの年度が異なるためであり，松下電器内での区分も変わっているものだと思われる．

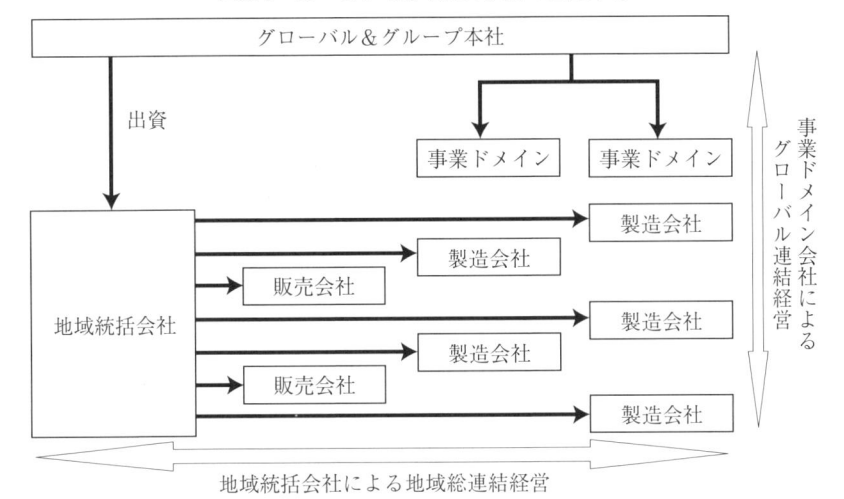

図表3-11　松下電器の海外事業の経営体制

```
                    グローバル＆グループ本社
                    │           │       │
         出資│                  ▼       ▼
            │              事業ドメイン  事業ドメイン
            ▼                      │
       ┌────────┐  ──────────────→ 製造会社
       │        │ → 製造会社
       │        │ → 販売会社
       │地域統括│  ──────────────→ 製造会社
       │会社    │ → 製造会社
       │        │ → 販売会社
       │        │  ──────────────→ 製造会社
       └────────┘
            ←───── 地域統括会社による地域総連結経営 ─────→
```

（事業ドメイン会社によるグローバル連結経営）

出典：週間ダイヤモンド，2004/7/10

ている．これは，図表3-12からもわかるように，米州での売上高がやや鈍っているが，アジア・中国地域での伸びが顕著であることに起因する．米州の売上高も，2002年度（140円台）から2005年（100円台）までの円高傾向を考えれば，売上高の減少はやむをえないと思われる．

　この全体的な売上高増加の要因には，グローバルな営業戦略として広告宣伝を充実させてきたこと，ならびにグローバル・ブランドを「Panasonic」に統一してブランド展開をしてきたことなどが挙げられる（アニュアル・レポート2004）．また，米州売上高が2005年から現在まで上昇し続けている要因として，プラズマ・テレビの売れ行きが好調であることが挙げられる．大型テレビを好む米州市場では，大型テレビの価格が液晶テレビに比べて大幅に低いプラズマ・テレビを選択するのである．

　現地通貨ベースでは前年比104％となっている．この売上高の推移を地域ごとに見ると，米州が100％，欧州が102％，中国を除くアジアが103％，中国が121％となっており，特に中国での伸びが顕著である．

　松下電器では，成長エンジンとしての海外事業における今後の成長戦略とし

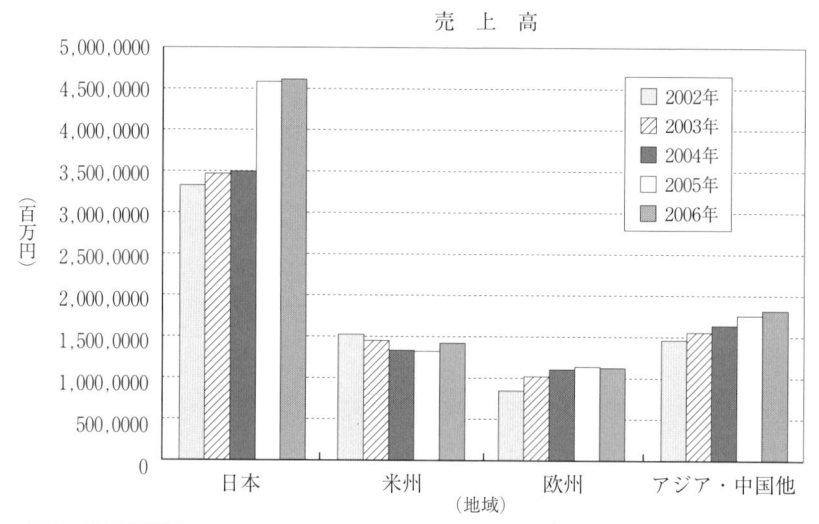

図表3-12 松下電器の海外各地域における売上高推移

売 上 高

(百万円)

凡例：2002年／2003年／2004年／2005年／2006年

（地域）日本／米州／欧州／アジア・中国他

出典：松下電器産業アニュアル・レポート2004

て，以下の五つを「躍進21計画」において設定している（アニュアル・レポート2004）．

① V商品を中心とした圧倒的に優位な商品づくり：グローバル市場をターゲットとしたV商品の市場導入を強化するため，事業ドメイン会社のマーケティング機能を海外市場の前線にシフトさせる．そして，個々の市場ニーズにあった商品開発サイクルを確立するとともに，市場に密着した綿密な導入プランに基づいてV商品の世界同時発売・垂直立ち上げを強化していく．

② ブランド力強化の継続：引き続きブランド力の強化を図るため，メディアへの宣伝投資を大幅に増強し，強い商品づくりとグローバル・マーケティング活動の効果を最大化することを目指す．地域別には，特に高い成長の見込まれる中国やアジア地域に加えて，ロシアなどの新興市場で攻めの活動を展開する．

③ 構造改革と拠点統廃合を推進：新しい経営体制のもとで，引き続き構造

改革と拠点統廃合を推進する．特に，グローバル経済における比重がますます重くなる中国と，FTA（自由貿易協定）の動向から世界の戦略製造拠点として重要性を増している東南アジアにおいて，事業展開の最適化を追求する．
④ 中国で1兆円事業規模を実現：中国については，2005年度に1兆円の事業規模を実現するために，事業ドメイン会社と松下電器（中国）（有）が協働して商品力強化に向けた重点商品プロジェクトを展開するとともに，営業体制の強化，物流体制の再編を推進する．
⑤ 軽くて速い営業体制の構築：海外の営業体制については，販売会社を経由しない商流やインターネット販売など流通形態の大きな変化も視野に入れ，市場変化への対応力強化を図る．また，ITの活用による効率性の徹底追及でオペレーション・コストを削減し，軽くて速い営業体制への変革を図る．

この五つの成長戦略の最近の取り組みについてみると，たとえば①のⅤ商品を中心とした圧倒的に優位な商品づくりに対して，松下電器は，一気にシェアを獲得することが必要であると考えた．そして，一気にシェアを獲得するための要件として，松下電器は「世界同時発売」が不可欠であるとした．世界同時発売を実現させるための取り組みの一つが，松下電器初の門真工場へのセル生産導入であった[8]．

また，③の東南アジアでの事業展開は，生産・販売拠点を削減することで最適化された．2004年1月，松下電器は，当時73社あった東南アジアの生産・販売拠点（シンガポール11社，マレーシア21社，タイ15社，インドネシア10社，フィリピン4社，ベトナム2社等）を2006年までに44社程度に再編する意向を示していた（アジア・マーケットレビュー，2006/1/15）．

携帯電話端末事業の海外展開を例にとってみると，従来，松下電器は2.5世代と呼ばれる携帯電話端末を生産・販売してきた．ところが，世界的な普及率

---

8) 松下電器へのセル生産導入についての詳細は，（小菅正伸・朝倉洋子・木村麻子，2006）を参照されたい．

の増加に伴い，携帯端末メーカー数も増大した結果，価格競争が激化した．そのため，松下電器は，携帯電話端末を第3世代通信方式へと移行する必要が生じた．第3世代通信方式を導入した携帯電話端末の生産のためには，技術開発，モノづくりの複雑化と高コストが避けられない（アジア・マーケットレビュー，2006/1/15）．

当時，松下電器の携帯電話端末の生産拠点は，日本の静岡工場のほか，フィリピン，チェコ，中国等があったが，2005年12月に2.5世代の携帯電話端末事業を漸次終息させ，フィリピンとチェコの拠点を，閉鎖することを決めた．また，中国生産拠点では，第3世代端末の生産へとシフトさせることとした（松下電器産業株式会社ホームページ 2007）．

実際，フィリピン生産拠点であるパナソニック・モバイル・コミュニケーションズ・フィリピン（PMCP：1987年12月設立，旧フィリピン松下通信工業）は，2006年3月に会社清算された．PMCPでの携帯電話端末事業は，1999年に開始され，携帯電話端末の生産累計台数は，約1,400万台であり，重要な生産拠点であるともされた時期もあった．しかし，松下電器全体としての携帯電話事業の規模の経済を追求した結果，海外生産拠点では，中国が一括生産することとなったのである．このことは，急成長する中国市場に，当時の松下の本格的な参入がこれからという時期であったことにも関係していると思われる（McInerney, 2007, 沢崎訳, 2007）．

さらに，携帯電話端末の開発拠点についても，中国，英国，米国等に複数あった拠点のうち米国拠点を閉鎖した．また，英国拠点については第3世代以降の伝送系技術およびプラットフォーム開発に集中特化させることとした（松下電器産業株式会社ホームページ 2007）．複数ある中国国内の拠点（上海・北京等）についての再編が特にないことは，生産拠点の再編と同様の理由からと思われる．

加えて，⑤の軽くて早い営業体制の構築のためにも，まずは取引先の整理から始めた．パナソニック・ヨーロッパでは，2004年から2005年にかけて，利益が出ない取引先を整理した．その数は，全取引先の60％近くにものぼった．こ

れによって，固定費・営業費の合理化を進めた．

次いで，パナソニック・ヨーロッパは，主要取引先に特に力を入れた．たとえば，パナソニック・ヨーロッパでは，主要取引先については「オートマティック・アヴェイラビリティ（自動入手）」と証する回転在庫管理システムを導入しているという．このシステムを導入することによって，主要取引先ではキャッシュ・フローの管理が容易になり，販売中止によるリスクや過剰在庫を抑えられるようになるという（McInerney, 2007，沢崎　訳，2007）．ヨーロッパがEUとして統合されたとしても，いまだ所得水準，嗜好，購買パターンが国によって異なる現状において，販売中止によるリスクを回避できることの便益は大きいといえよう．

たとえば，ある取引先の在庫日数は，このシステムによって60日も低下し，受注リードタイムは50％短縮し，松下電器の製品に関しては在庫切れが事実上なくなった．この取引先において，パナソニック・ヨーロッパとの取引を管理する際の負荷は，ほぼ80％も低下した．その効果は，パナソニック・ヨーロッパのこの取引先への売上高が，システム導入前に比べて90％近く増大し，さらに取引先管理に要するコストはほぼ4分の3に削減され，在庫返品コストが97％低下するという形で現れることとなった（McInerney, 2007，沢崎　訳，2007）．

次節では，これら生産拠点や開発拠点，営業拠点についての本社との関係，そして国際管理会計情報について述べる．

## §4　グローバル連結経営と国際管理会計情報[9]

先述のように，松下電器の2003年における海外会社には，地域統括会社，製造会社（単品会社，複品会社），販売会社，金融会社，研究開発会社などがあり，さらに，会社ではないが五つの地域本部（米州本部，欧州本部，CIS中近東アフリカ本部，アジア大洋州本部，中国・北東アジア本部）がある．

---

9)　本節の内容は，（宮本寛爾・小菅正伸，2003）によっている．

海外事業活動は，製品の生産を担当する製造会社，現地で生産された製品と輸入品の販売を担当する販売会社，および輸入品の販売を担当する代理店がある．さらに，海外会社の必要な資金の調達および余剰資金の運用は域内の金融会社が，地域のニーズを的確に捉えた商品開発や製造技術の開発は研究開発会社が行っている．

海外製造会社は，その設立の経緯から，単一製品を生産している会社と複数製品を生産している会社とがある．単品製造会社は事業ドメイン会社の起案および出資により設立される会社であり，その業績は当該事業ドメイン会社の業績の一部を構成し，その管理および指導を受けることとなる．これに対して，複品製造会社は海外事業進出の初期に本社の出資により設立された場合が多く，その経営責任は地域統括会社に課せられている．販売会社は，地域統括会社の起案により設立され，統括され，また金融会社および研究開発会社は本社により統括されている．

すでに述べたように，地域経営の中心は，従来の地域本部から地域統括会社へと移行している．地域統括会社は，地域でのコーポレート代表として，本社の代行として出資と回収を統括し，地域行政，ブランド・マネジメント，リスク・マネジメントを遂行している．また，地域成長戦略遂行の中心として，地域での市場責任を果たし，ドメインを跨る販売組織および複品製造会社の経営を行っている．さらに，地域の海外子会社の法務，渉外，広報，財務，および人事などの問題に対する支援ならびに助成活動を行っている．

従来，海外子会社は地域本部に管理費として売上高の一定率（この率は地域により，また会社形態により異なる）を支払っていた．また，単品製造会社は事業部および本社へ，販売会社および複品製造会社は地域本部を通して本社へ配当金を支払っていた．この配当性向は，事業の成長性，収益性，および資金残高により異なるが，概ね20％から40％であった．

これに対して，新たな事業ドメイン制のもとでは，海外子会社への出資は地域統括会社の100％出資を基本とし，事業ドメイン会社は地域統括会社（地域における本社の代行機関）からの出資金額と同額を本社に預託し，資本と経営

を一体化している．その海外子会社は，事業後に地域統括会社に配当を支払い，地域統括会社が現地の税務当局に納税する．納税後の残った配当は，現地にプールされる．資金を海外にプールすることで，グループ全体の実効税率が低く抑えられる．出資責任と事業の結果責任は事業ドメインが100％負い，責任の所在が明確となっている．そして事業ドメインは，たとえ海外製造会社が赤字でも常に資本金と剰余金に対して一定率の配当責任を負うこととなったため，なんとしても事業で利益を上げなければ事業を存続できなくなる．自然に赤字事業から撤退し，黒字事業だけが残る仕組みとなる（週刊ダイヤモンド　2003/3/8）．

　従来，海外事業は一つの投資案件に対して本社から4割，事業部から6割の比率で投資されていた．この場合，海外子会社が赤字である限り，本社からの出資分である4割に対して配当は行われない．したがって，事業部は海外子会社から技術指導料などのロイヤリティ収入を得ていた．つまり，利益を上げていなくても，本社から無償で4割の資金を借りた上で事業を継続することができたのである（週刊ダイヤモンド　2003/3/8）．

　次に，海外子会社の経営管理であるが，販売会社および複品製造会社の経営管理の親元は地域統括会社であり，単品製造会社の親元は事業ドメイン会社であり，それぞれ親元の地域統括会社および事業ドメイン会社により管理される．海外事業体のうち，販売会社および複品製造会社は，現地通貨による事業計画（案）を地域統括会社に提出し，承認を受ける．地域統括会社は，域内の販売会社および複品製造会社の事業計画（案）を（事業計画用の）為替相場で円に換算し，海外担当役員および経理担当役員に提出し，社長の承認を受ける．

　一方，単品製造会社は，現地通貨による事業計画（案）と（事業計画用の）為替相場での円換算額を親元の事業ドメイン会社に提出し，承認を受ける．事業ドメイン会社は，関連するすべての海外製造会社の円換算額での事業計画を含めた連結ベースでの事業計画を経理担当役員に提出し，社長の承認を受ける．このように，事業ドメインの経営管理責任者は，海外経営活動の事業計画を含めた事業計画に対する経営責任を課せられることとなる．

なお，親元の事業ドメイン会社，海外担当役員および経営担当役員への報告書には，現地通貨による実績に月次平均相場による円換算額が併記される．事業ドメイン会社は関連するすべての海外製造会社の円換算額による実績を含めた連結ベースの実績を連結ベースの月次計画および前年の実績と比較し，経理担当役員に報告する．地域統括会社も，域内の販売会社および複品製造会社の現地通貨による実績とその円換算額を月次計画および前年の実績と比較し，海外担当役員と経理担当役員に報告する．なお，月次計画用の予想為替相場と月次平均相場のレート差による円換算額での差額が注記される．

海外子会社社長は，承認された現地通貨の事業計画を達成するべく経営活動を遂行している．海外子会社は月次決算を行い，現地通貨による実績を現地通貨の月次計画および前年の実績と比較し，この結果を単品製造会社は事業ドメイン会社に，販売会社と複品製造会社は地域統括会社に報告する．海外子会社の業績評価は，親元の事業ドメイン会社が自主判断で進めるが，事業ドメイン全体に対する本社の業績評価ポイントがCCMとキャッシュ・フローに置かれているので，これと一貫性のある評価方法がとられている．しかし，その評価方式は事業ドメイン会社に任されている．

従来，海外子会社の業績評価は，年度末決算による現地通貨での実績を現地通貨での事業計画と比較することにより年度末に一回行われていた．なお，月次決算の場合と同様，日本の親元事業部，海外担当役員および経理担当役員への報告書には，現地通貨による実績に決算日の為替相場による円換算額が併記された．親元事業部は，関連するすべての海外製造会社の円換算額の実績を含めた連結ベースの実績を連結ベースの事業計画および前年の実績と比較し，経理担当役員に報告していた．地域本部も域内の販売会社，複品製造会社および単品製造会社の現地通貨による実績とその円換算額を事業計画および前年の実績と比較し，海外担当役員と経理担当役員に報告していた．現在は，親元の事業部および地域本部が事業ドメイン会社と地域統括会社に変わっている．

事業ドメインは，特定事業ドメインの世界全体の業績達成に対する経営責任を負わされている．これは，事業ドメイン別グローバル構造といえる．一方，

地域統括会社は域内の販売会社および複品製造会社の実績に対して経営責任を負っている．さらに，域内の代理店を通して販売される輸入品の販売活動に対しては助成活動を行っている．これは，地域別グローバル構造といえる．すなわち，特定事業ドメインの世界全体の業績達成に対する経営責任が事業ドメイン会社に負わされている事業ドメイン別グローバル構造と，地域内の業績達成に関するスタッフ責任が負わされている地域統括会社による地域管理が行われていると考えることができる．また，事業ドメイン別グローバル構造と，地域統括会社を中核とする地域別グローバル構造との二つの構造化次元が併存しているとも考えることもできる．前者は混合グローバル構造といえ，後者は事業ドメインと地域の両次元の重要度が均衡化・同時化していると考えられるため，事業ドメイン—地域のグローバル・マトリックス構造組織といえる．先述の通り，松下電器では，これを後者のグローバル・マトリックス構造組織と捉えているのである．

## §5 ま と め

松下電器は，1918年に松下電気器具製作所として大阪に創立されて以来，自らの理念を明確に持ちながら現在まで発展を続けてきている．松下電器は，1930年代からすでに海外へ目を向けており，販売拠点や製造拠点を海外に積極的に展開してきた．また，海外比率を50％にするという目標を早くから設定し，海外事業を重視してきた．これらから，松下電器はまさに日本を代表するグローバル企業であるといえる．

松下電器は，その歴史の中で幾度か変更がなされたものの，事業部制を基盤としてその経営を展開してきた．これまでの松下電器の発展は，この事業部制と共にあったともいえる．しかし，2001年に経験した大幅な赤字を境に，松下電器は中村社長の体制下において，その伝統であった事業部制からドメイン分社制へと組織の再編を進めることとなった．その結果，2003年1月1日より，松下電器では14事業ドメインに再編した事業ドメイン分社制による経営管理が

行われている．また，この組織再編に伴って，業績評価指標も変更された．すなわち，それまでは売上利益率や利益，売上高，市場占有率，在庫の回転率，借入金，従業員数といった幅広い指標を総合的に見ていたのに対し，資本収益性を表す CCM および資金創出力を表すキャッシュ・フローの二つの指標に絞りこんだのである．

　海外事業については，松下電器はこれを全社的な成長エンジンと位置づけ，事業展開に力を入れている．松下電器は，事業ドメイン分社制への組織再編を機に，各海外事業会社をそれぞれの事業ドメイン会社のグローバル連結経営の中に組み込み，グローバル連結ベースでの CCM およびキャッシュ・フローによる業績評価を行っている．また，営業利益の海外／国内比率については60対40にすることを目標としている．この比率は，多くのドメインに海外市場での課題を痛感させるものであるという（McInerney, 2007, 沢崎訳, 2007）．さらに，海外の地域経営における中心を従来の地域本部から地域統括会社へと移し，各地域の地域統括会社には当該地域内のグループ会社への出資やその回収についての責任を負わせている．松下電器は，こうした地域への権限委譲を通じて現地での意思決定を早め，激化する競争環境に対応できる体制を整えているのである．組織体制に関しては，松下電器は各海外事業会社をそれぞれの事業ドメイン会社および各地域の地域統括会社の両方の経営に組み込み，「事業」および「地域」の両面からの管理によるマトリックス経営を行うようになった．

　このような改革は，① 組織構造のフラット化，② 組織内での重複排除による経営資源の集中化，③ 業績評価指標の明確化といった側面があり，その背景には経営のグローバル化やスピード化といった要因がある．これらは，まさに情報化社会における経営の典型であり，日本を代表するグローバル企業の松下電器がこうした改革を行ったことは大きな教訓である．

　（付記）　本論文を作成するにあたって，松下電器産業株式会社副社長川上徹也氏，坂東正義氏，上野山実氏，水野譲氏，若林勇人氏に，経営改革等に関して長時間にわたり，ご説明いただきました．ここに記して厚くお礼申し上げます．

## 参 考 文 献

アジア・マーケットレビュー．2006/1/15：36-37．

エコノミスト．2000/9/12：4-5．

エコノミスト．2002/6/18：13

小菅正伸，朝倉洋子，木村麻子．2006．「松下電器のプロセス・マネジメント」李健泳，小菅正伸，長坂悦敬編著『戦略的プロセス・マネジメント――理論と実践』税務経理協会：199-210．

週刊東洋経済．2001/5/26：26-59．

週刊ダイヤモンド．2000/9/9：46-48．

週刊ダイヤモンド．2001/8/25：32-40．

週刊ダイヤモンド．2003/3/8：28-47．

週刊ダイヤモンド．2004/7/10：42-47．

日経ビジネス．2001/5/28：26-51．

McInerney, Francis. 2007. Panasonic : The Largest Corporate Restructuring in History. 出版社不明．沢崎冬日訳 2007『松下ウェイ――内側から見た改革の真実』ダイヤモンド社．

松下電器産業株式会社．アニュアル・レポート2002．

松下電器産業株式会社．アニュアル・レポート2003．

松下電器産業株式会社．アニュアル・レポート2004．

松下電器産業株式会社．アニュアル・レポート2005．

松下電器産業株式会社．アニュアル・レポート2006．

松下電器産業株式会社ホームページ〈http://panasonic.co.jp/〉

松下電器産業株式会社インタビュー調査．2003/2．

宮本寛爾．1992．『わが国企業の海外事業活動の拡大とその経営管理の変遷――松下電器産業株式会社のケース――」『商学論究』関西学院大学 39（4）：49-76．

宮本寛爾．1997．「松下電器産業株式会社の海外経営活動の業績評価」吉田寛，柴健次編著『グローバル経営会計論』税務経理協会：160-181．

宮本寛爾，小菅正伸．2003．「国際経営組織の設計と管理会計（第13章）」日本会計研究学会特別委員会『企業価値と組織再編の管理会計に関する研究――中間報告書』：117-129．

# 第4章 シャープ株式会社の国際管理会計

関西外国語大学 朝 倉 洋 子
近 畿 大 学 髙原利栄子

## §1 シャープ株式会社の概要[1]

シャープは,シャープ株式会社,連結子会社47社および持分法適用会社11社を中心に構成されている.2006年12月末日の資本金は2046億7500万円であり,社員数(2006年12月末日現在)はグループ総人員55,300名(国内31,100名,海外24,200名)である.シャープの事業内容は,図表4‐1で示すように,エレクトロニクス機器(AV・通信機器,電化機器および情報機器)と電子部品(IC,液晶およびその他の電子部品)の製造・販売である.

### 1.1 創業(1912年)~1958年まで

シャープ株式会社(以下,シャープと略称する)は,1912年に創業者故早川徳次氏が東京の本所で金属加工業を創業したことに始まる.同年,洋服のベルトを止める独自のバックルである「徳尾錠」の発明で特許を取得した.創業者を含めて3人が,徳尾錠を製造することにより,収益を上げていった.

1913年,同じ本所の林町に移転し,洋傘用の模様入り石突きや,第2号の新案特許となった水道自在器も製造するようになった.1914年には,同じ町内に3度目の移転をし,当時では珍しい1馬力のモーターを据えつけた.これによ

---

[1] 本節の内容は,シャープ株式会社ホームページ2007内の社史を参考にした.

図表 4-1　事業の内容

| | | | |
|---|---|---|---|
| エレクトロニクス機器 | AV・通信機器 | 液晶カラー・テレビ，カラー・テレビ，テレビデオ，プロジェクター，デジタル放送受信機，DVD レコーダー，DVD プレーヤー，ビデオ・デッキ，1ビット・デジタル・オーディオ，MD プレーヤー，CD ステレオ，MD ピックアップ，ファクシミリ，電話機，携帯電話機，PHS 電話機 | 当社<br>シャープ・エレクトロニクス・マーケティング<br>シャープ・システム・プロダクト(株)<br>シャープ・マニファクチャリング・システム(株)<br>シャープ・エンジニアリング(株)<br>シャープ・ドキュメント・システム(株)<br>シャープ・エレクトロニクス・コーポレーション<br>シャープ・エレクトロニクス（ヨーロッパ）・ゲー・エム・ベー・ハー<br>シャープ・エレクトロニクス（ユーケー）・リミテッド<br>シャープ・アプライアンシズ（タイランド）・リミテッド<br>シャープ・コーポレーション・オブ・オーストラリア<br>夏普弁公設備（常熟）有限公司 |
| | 電化機器 | 冷蔵庫，電子レンジ，加熱水蒸気オーブン，エアコン，洗濯機，ドラム式乾燥洗濯機，掃除機，石油暖房機器，電気暖房機器，ホーム・ネットワーク制御ユニット，空気清浄機，除湿器，小型調理機器 | |
| | 情報機器 | パーソナル・コンピュータ，パーソナル・モバイル・ツール，モバイル・コミュニケーション端末，電子辞書，電卓，POS システム機器，ハンディー・ターミナル機器，電子レジスタ，液晶カラー・モニター，インフォメーション・ディスプレイ，パソコン用ソフトウェア，デジタル複合機，静電複写機，各種パソコン周辺機器，各種複合機・複写機及びプリンタ消耗品，FA 機器，洗浄機 | |
| 電子部品等 | LSI | フラッシュメモリ，複合メモリ，CCD・CMOS イメージャー，液晶用 LSI，マイコン | 当社<br>シャープ・アメニティ・システム(株)<br>シャープ・エレクトロニクス・コーポレーション<br>シャープ・エレクトロニクス（ヨーロッパ）・ゲー・エム・ベー・ハー<br>シャープ・エレクトロニクス（ユーケー）・リミテッド |
| | 液晶 | TFT 液晶ディスプレイ・モジュール，デューティー液晶ディスプレイ・モジュール，システム液晶ディスプレイ・モジュール，EL ディスプレイ・モジュール | |
| | その他電子部品 | 電子チューナー，高周波・赤外線通信ユニット，ネットワーク部品，ホログラムレーザー，DVD ピックアップ，光半導体，レギュレーター，スイッチング電源，太陽電池，LED，アナログ IC | |

出典：シャープ株式会社ホームページ2007

り，工場の生産効率を飛躍的に高めることができた．

　1915年には，当時未開発であった金属文具の製作技術の研究改良を進めた．これにより，独創的な芯の繰り出し装置を発明し，実用に耐える金属製にすることができたのである．これは，早川式繰出鉛筆として特許を申請され，スクリュー・ペンシル，プロペリング・ペンシルの名で売り出された．しかし，当初日本での販売は困難を極めた．これが一変したのは，横浜の貿易商社から大口の注文が入り，欧米で人気を集めたからである．国内においても同様に，次々と販売されるようになった．この年，早川兄弟商会金属文具製作所を設立し，金属繰出鉛筆を中心にした事業を展開することとなった．

　この金属繰出鉛筆はさらに改良が重ねられ，1916年にはエバー・レディ・シャープ・ペンシル（常備芯尖鉛筆）と改められ，さらにシャープ・ペンシルと変更された．シャープの社名は，このシャープ・ペンシルに由来している．

　早川創業者は継続的に商品の改良を行い，当時としては珍しい流れ作業方式を取り入れた．これにより，近代化と生産性の向上を図ることができた．しかし，1923年の関東大震災により，シャープ・ペンシル工場を焼失し，早川氏は従業員3人とともに大阪の地で再起することにした．1924年，大阪西田辺の現在の本社所在地に早川金属工業研究所を創設し，金属文具の製造を再び開始した．

　1924年当時，海外ではすでにラジオが実用化されていた．日本でもラジオ放送が開始されようとしていたが，受信機は外国からの輸入に頼るしかない状況にあった．したがって，早川創業者は，ラジオ事業で再起を図ろうと決断した．そして，1925年，鉱石ラジオ・セットの組み立てに成功し，初の国産ラジオ受信機を製造した．このラジオ・セットの売上は好調であり，シャープは"新しい放送情報時代の開拓者"となった．

　1925年，シャープは，初めての営業拠点として大阪市内に靱営業所を開設した．1926年には，ラジオ受信機にシャープ・ダインと命名し，東京にも出張所を開設した．さらに，中国，東南アジア，インド，南米などへもラジオ部品の輸出を始めることとなった．また，各地で販促のためラジオ見本市を開催した．

これは，中国の上海でも開催された．

1929年，鉱石ラジオに替わる新しい交流式真空管ラジオを発売した．このように継続的に新製品を開発するとともに，毎年，工場を増設し，生産装置を改良して品質と効率の向上に努めた．これにより，"ラジオはシャープ"と言われるようになった．

1931年には，香港の有力店と代理店契約を結ぶこととなり，この年より，テレビの研究に着手した．1933年，早川氏は東南アジア市場を視察し，同地における販路を急速に拡大した．1934年には，中国に上海出張所を開設し，6月にはラジオ部品の増産用として大阪・平野工場の建設に着手した．

1935年，同社は早川創業者の個人経営から，資本金30万円の株式会社早川金属工業研究所として法人化した．1936年には，独自に考案した間歇式コンベア装置を完成させた．これは，国内で初めての近代的コンベア・システムで，効率的で品質の高い量産体制が確立させた．さらに，この年，社名を早川金属工業株式会社に改称した．

1937年，日本と中国は全面戦争に突入し，戦時体制下，ラジオ需要はますます増えた．太平洋戦争に突入した1941年，シャープは陸軍航空本部監督工場となり，軍事用通信機器が製造されるようになった．さらに，1942年には，早川電機工業株式会社に社名を変更するとともに，短波・超短波の技術研究所を設立し，航空無線機の製造を進めた．しかし，1945年の終戦後は，規模を縮小してラジオ生産に専念することになった．

1949年，ラジオ需要が回復し，業績も上向いたことにより，株式上場（大阪証券取引所）を果たすことができた．しかし，占領軍が食料や物資不足によるインフレを抑制するため，強力な緊縮財政措置（ドッジ・ライン）を打ち出し，日本経済は極度の不振に陥った．これにより，各企業の業績は急速に悪化した．シャープにおいても，ラジオの売れ行きが悪くなり，1950年3月期決算で465万円の赤字を計上し，借入金は1億円を越えた．株価も14円にまで下落し，存亡の危機に直面した．しかし，必死の経営努力により倒産を免れ，再建への道を歩み始めることができた．

1951年,民間ラジオ局が続々と開局し,それに合わせて,シャープも新製品のスーパー・ラジオを発売した.これにより,シャープのラジオ生産量も43万台に回復し,社員一人当たりの売上高は前年に比べ3.3倍になり,株価も53円まで上昇した.

さらに,1951年,シャープはテレビの国産第1号の試作に成功した.翌年には,日本で初めて米国RCA社と基本特許契約を締結し,量産試作に入った.そして,1953年,シャープはテレビの量産化を始め,12,14,17型の3機種を完成させた.

当時,テレビの製造では,アフター・サービスの難しさが問題であった.したがって,シャープは,量産を進める一方で,技術者を中心に約30週間,日曜日返上でテレビ講習会を行った.さらに,販売店への技術講習会も実施し,ラジオよりはるかに高度なテレビ技術を短期間にマスターし,万全のサービス体制を整えたのである.

また,テレビはまだ,価格面からも家庭に普及する段階ではなく,大勢の人が集まる場所で使用されていたため,主流は17型とみられていた.しかし,シャープは,あくまでも家庭への普及をめざし,14型こそ主力と考え,人々の手が届く価格として"1インチ1万円"の実現をめざし,量産を進めた.その結果,予想通り14型の需要が伸び,シャープの生産台数は業界の6割に達した.

1954年,テレビに対する需要の増大に備え,同社は大阪の田辺に工場を新設した.この工場では,最新のエンドレス・コンベアにより,配線,組立から,箱入れ,倉入れまでの一貫した流れ作業で組み立てができた.当時としては,驚異的な量産工場であった.

1956年には,テレビとともに,洗濯機,冷蔵庫が「三種の神器」とされるようになった.したがって,シャープもテレビの増産を図り,大阪の平野工場内に電気塗装工場と家庭電気製品の組立工場を建設した.また,本社社屋(第1期)を新築するとともに,台東区松永町に東京支店を建設した.

その一方で,激化する販売競争に備え,卸業務を専門に行う子会社のシャープ電機株式会社を設立するとともに,全国営業拠点の整備に取り組んだ.1957

年には，大阪の平野第二工場も完成し，家庭電気製品の生産体制を拡充した．

さらに，販売体制を強化するため，1958年から全国に独立した地区販売会社の設立を開始した．また，販売店と共同で売り出し，宣伝，市場開拓などを進め，相互の連携を深めるための組織として，シャープフレンドショップ制度が発足した．

### 1.2 総合家電メーカーへ（1959年～1993年）

テレビブームが頂点に達した1959年，同社は電化製品の量産体制を確立するため，大阪府八尾市に電化製品の専門工場を完成させた．これは，1カ所であらゆる電化製品を作る総合工場であった．さらに，シャープは八尾工場にも最新設備を導入した．これらの新鋭設備がシャープの独創力と結合し，業界初の新製品を次々と生み出していった．この八尾工場の完成により，シャープは名実ともに総合家電メーカーへと大きく変貌を遂げたのである．

1960年，テレビやラジオの部品の生産拠点として，奈良県に大和郡山工場を建設した．この工場は，電卓生産のメッカとして国際的に有名となった．翌年の1961年，本社内に中央研究所を発足させ，産業用機器や電子応用機器分野の新製品開発を目指すこととなった．これは，テレビ，電化製品に続く新しい事業の柱を生み育てる経営戦略であった．この研究所では，世界的な評価を得ることとなった電卓，太陽電池およびコンピュータなどの研究が本格的に進められた．アフター・サービス網についても，全国70カ所の出先が完成した．

また，シャープはシャープ・ペンシルの時代から世界の市場に目を向け，輸出に力を入れてきた．戦後は，トランジスタラジオの商品化を契機に，米国をはじめ各国への輸出が本格化した．輸出は当初，商社やバイヤーを通しての取引が中心であった．しかし，現地利用者のニーズに合った商品企画や細やかなアフター・サービスを展開し，安定した売上の拡大を図るために自社の販売網を作る必要があった．

そこで，1962年，シャープは最大の市場である米国のニューヨークに，初めての現地販売会社シャープ・エレクトロニクス・コーポレーション（SEC）

を設立した．社員15人（うち日本人6名），資本金15万ドル（5,400万円）で，トランジスタラジオと白黒テレビの販売が中心であった．業績は着実に伸び，この米国での成功により，各国に拠点を設けることとなり，グローバル企業への道を歩み始めた．さらに，シャープはヨーロッパ，東南アジアなどの市場も積極的に開拓していった．

また，同年，シャープは業界に先がけて電子レンジの量産を開始した．さらに，1959年から研究を開始した太陽電池について，1963年に他社に先がけて量産化に成功した．シャープは太陽電池のリーディング・メーカーとしての道を歩み始めた．また，太陽電池の開発は，現在の"オプトエレクトロニクスのシャープ"の原点ともなっている．

1963年，シャープは無線，電化，産業機器の3事業部を発足させた．また，新たにサービス会社（のちの SEK，シャープ・エンジニアリング株式会社）も設立した．

また，1964年には，シャープは世界で初めて電卓を開発した．これは，世界初のオールトランジスタ・ダイオードによる電子式卓上計算機〈CS-10A〉である．電卓の開発はシャープがその後，半導体や液晶，情報通信分野に参入し，総合エレクトロニクス企業へと発展していくきっかけとなった．

1966年，電卓の小型化に向け，トランジスタを IC に置き換える研究を進めてきた結果，重さや部品点数，値段が1号機の約半分になった世界初の IC 電卓〈CS-31A〉の開発に成功した．この当時，増大する需要に備えるため，シャープは音響商品の設備拡充計画を進めた．国内交通網の整備が進んだため，初めて地方への進出を決めた．1967年，自然環境に恵まれ，優秀な人材の確保も容易な広島県八本松町に，ラジオ，トランシーバーなどの専門工場を建設することとなった．

そして，1968年には，カラー・テレビの急激な需要の伸びに備え，栃木県矢板市に大型の専門工場を完成させた．これは，初めての関東への工場進出となった．さらに，好調なヨーロッパへの輸出をさらに拡大するため，ヨーロッパで初めての販売会社であるシャープ・エレクトロニクス・ヨーロッパ・

ゲー・エム・ベー・ハー（以下，SEEG と略称する）を，西ドイツ・ハンブルグに設立した．また，同年，初めて年頭の「経営基本方針発表会」が開催された．トップから年度方針を社員に徹底する，他社にも例の少ないシャープ独自の年頭行事として定着した．

さらに販売面では，1969年，米国 SEC，西独 SEEG に次ぐ3番目の現地販売会社として，イギリスのマンチェスターにシャープ・エレクトロニクス・（ユーケー）リミテッド（SUK）を設立した．そして，国内の電卓市場の拡大に合わせ，初めて事務機の販売会社（東京シャープ事務機販売など）9社を設立することとなった．

また，同年，新たな資金調達のために初めてヨーロッパで株式を発行し，ルクセンブルグ市場へ上場した．発行したのは1,000万株の EDR（EUROPEAN DEPOSITARY RECEIPTS／欧州預託証券）であった．これにより，国際企業としての地位を確立した．この資金は，翌年の天理の総合開発センターの建設に充当されることとなった．

1969年には，シャープはアポロ計画の推進役である米国のノースアメリカン・ロックウェル社と技術提携し，ELSI（多相大規模集積回路）の量産工場を建設することを発表した．また，それを使った世界初の LSI 化電卓「マイクロコンペット」〈QT-8D〉の開発に成功した．さらに，1970年，奈良県天理市の丘陵地に，75億円の費用を投じて，最先端の ELSI 量産工場，エレクトロニクスの未来を創造するための中央研究所，そしてより有能な人材育成のための研修所などを竣工した．

1970年，同社は「早川電機工業株式会社」から「シャープ株式会社」へ社名を変更した．商標と社名を一致させるとともに，将来のエレクトロニクスの発展を考え，電機という名称も外したのである．これにより同社は，名実ともに家電メーカーからエレクトロニクスメーカーへと，大きな転換を遂げた．さらに，創業以来58年にわたり社業の統轄者であった早川社長が会長になり，新社長に佐伯専務が就任した．世界のシャープへと踏み出すための新経営体制が発足したのである．また，シャープ精機株式会社を設立したのも同年である．

この当時，シャープは数年来進めてきた全国販売会社体制の整備を完了させていた．したがって，さらなる販売網の強化に向け，新たに「70作戦」をスタートさせた．1970年に，同社系列店で売上の70％を占める安定した販売網を構築することを目指したのである．新規店の開拓（A作戦），量販店との取引拡大（B作戦）などの個別作戦を細かく全国展開し，1971年に目標を実現した．

同じ1971年，ATOM 隊（Attack Team of Market）が結成された．当時，需要が落ち込み，それまでのように顧客の来店だけに頼る姿勢（待ちの商法）では販売の伸びが期待できなかった．したがって，ATOM 隊という機動部隊を結成し，販売店と一体になり，訪問販売などによって顧客とのパイプを広げ，需要をつくり出そうとしたのである．

また1971年には，海外でも競争力を強化させるために，ブラジル・マナウスに合弁の生産会社シャープ・ド・ブラジル（以下，SDB と略称する），そしてオーストラリア・シドニーには販売会社シャープ・コーポレーション・オブ・オーストラリア（以下，SCA と略称する）を設立した．また，その後の市場競争の激化に備え，全国の販売会社が販売に専念できるように，経営管理業務の集中化による効率化を図り，それまでの61の販売会社（沖縄を除く）を集約し，16販社，73販売センターからなる家電新販売会社体制に改革した．さらに，1972年，シャープ・システム・プロダクト株式会社を設立した．

1973年，同社は電卓の表示装置として世界で初めて液晶の実用化に成功した．1枚のガラス板に，液晶，C-MOS-LSI，配線など計算機の全機能を集約したCOS 化ポケット電卓〈EL-805〉である．この電卓は画期的な商品であり，大ヒットを達成した．また，同年，『誠意と創意』の経営信条が誕生し，これに合わせて，経営理念，経営基本方針も定められた．さらに，韓国に生産会社シャープ・コリア・コーポレーション（以下，SDA と略称する（現 SKC））を設立するに至った．

1974年には，首都圏における新しい営業活動の拠点として，東京支社ビル（市ヶ谷）も竣工した．そして，カナダに販売会社シャープ・エレクトロニクス・オブ・カナダ・リミテッド（以下，SECL と略称する）を設立した．こ

れにより，販売会社は，アメリカ，イギリス，西ドイツ，オーストラリアと合わせ，先進5カ国に設立された．さらに，マレーシアに初めて，音響機器の再輸出生産工場シャープ・ロキシー・コーポレーション（以下，SRCと略称する）を設立した．

また，1975年，電卓の生産台数が1,000万台に達した．同年，オーストラリアの販売会社シャープ・コーポレーション・オブ・オーストラリア（SCA）は，同国のカラー本放送の開始に合わせ，カラー・テレビの生産工場を建設し，操業を開始した．

1977年には，同社の独自の開発制度である「緊急プロジェクト・チーム」が誕生した．社内横断的な技術は，必要な緊急開発テーマについて，通常の研究開発とは別に，各事業部や研究所から最適な人材を集め，社長直轄チームで取り組むことができる．これは，他社に例のない柔軟な開発組織であった．各事業部の技術を融合させ"連合軍"の強みを発揮できる．これにより，画期的な商品を次々に生み出し，注目された．最近の電子システム手帳，液晶ビジョン，左右開き冷蔵庫などのヒット商品も，このプロジェクト・チームから誕生した．

また，生産面では，世界で初めて電卓生産工程の自動化に成功した．この年，全国9社の事務機販売会社を東西2販社に集約し，電卓，複写機，レジスターなどの商品別，市場別の販売体制を強化し，取引先への営業・サービス活動も向上させた．

1979年，米国の販売会社SECの生産事業本部として，テネシー州メンフィスに，先進国で初めての生産拠点シャープ・マニュファクチュアリング・カンパニー・オブ・アメリカ（以下，SMCAと略称する）を設立し，カラーテレビと電子レンジの生産を開始した．この当時，国際的に貿易摩擦が深刻化し，日本企業の海外進出の見直しが迫られていた．しかし，同社は米国市場のニーズに適合した商品を生産するとともに，地元社会に貢献する現地企業になりきるという方針により，現地に快く迎え入れられた．また同年，スウェーデン・ストックホルムにも現地販売会社シャープ・エレクトロニクス・ノルディック・エービー（SEN）を設立した．国内では大型の期待商品ビデオの生産を

開始し，テレビと統合した映像機器の生産体制を強化した．

　1980年，シャープは事務機販社2社を統合し，シャープ・ビジネス株式会社を設立した．これは，事務機分野でも，OA時代の進展や商圏の広域化に備えるとともに，流通の合理化を図るためである．さらに，マレーシアに生産会社シャープ・ロキシー・エレクトロニクス・コーポレーション（SREC）を設立した．

　翌年には，奈良県新庄市（現葛城市）にソーラー専門工場が完成し，太陽熱集熱器，温水器，蓄熱槽，宇宙用太陽電池などの生産や，エネルギー利用技術の研究を開始した．そして，家電販社12社を統合し，シャープ家電株式会社が発足した．これは，一本化による販売力のアップとともに，より広い視点で捉えたユーザー・ニーズの変化や市場の動きを，スピーディーに商品に反映させ，市場対応力を強化するのがねらいであった．

　1982年，シャープ家電株式会社からクレジット部門を分離させ，シャープ・ファイナンス株式会社を設立し，消費者信用産業へも進出した．1983年，ニューメディア，超LSI，電子材料など，最先端の技術開発を行う東京研究所（現・機能デバイス研究所）を千葉県柏市に新設した．内外の最新技術動向をにらみ，将来の高度技術社会の到来に備えて設置したもので，首都圏で初めての研究拠点である．基礎技術の研究開発で，天理の中央研究所と並ぶ"東西2眼レフ研究体制"が完成した．さらに，サービス会社10社を統合し，シャープ・エンジニアリング株式会社を設立した．

　1985年，多様化するユーザーの価値観にフィットする生活ソフトを研究・開発するため，生活ソフトセンターを設置した．これは，ニューライフピープル，すなわち昭和29年以降に生まれた人たちの生活情報を中心に収集してニーズを発掘し，それを最大限に取り入れた商品を事業本部と協力して開発していく，業界でも初めての組織であった．

　そして，シャープ・トレーディング株式会社を設立するとともに，広島県福山市の福山工場の第1期工場建設が完了し，超LSIや高度半導体の生産を開始した．また，海外では，イギリスの販売会社SUKの生産事業本部として，

北ウェールズ・レクサムにシャープ・マニュファクチュアリング・カンパニー・オブ・イギリス（以下，SUKM と略称する）を設立した．さらに，マレーシアに生産会社シャープ・ロキシー・アプライアンシズ・コーポレーション（SRAC）を設立するとともに，販売会社シャープ・ロキシー・セールス・アンド・サービス・カンパニー（SRSSC）を設立した．

1986年，辻社長のもと，1990年代に向けての新体制が発足した．当時の課題は，定着する円高に耐え得る強固な企業体質を構築することだった．新体制のもと，同社は徹底した経営の効率化を進めるとともに，その後，特に高い成長が期待される情報・通信・デバイス分野に重点指向した，事業構造の変革にも着手した．さらに，内需（国内販売）の拡大，海外への生産シフト，新技術・特長商品の開発などにも，積極的に取り組んだ．

当該変革の一環として，液晶事業部が発足し，技術本部内に液晶研究所も新設された．同社は液晶を世界で初めて実用化し，その後も技術革新を重ねてきた．そのため，その後の高度情報化社会で膨大な新規需要を生み出すキー・デバイスとして，21世紀に向けて事業の柱に育てていく体制が整えられた．

さらに，海外拠点も一段と充実された．スペインにカラー・テレビの生産や家電製品の販売を行うシャープ・エレクトロニカ・エスパーニャ・エス・エー（SEES）を設立するとともに，アメリカに超 LSI の設計・開発会社，台湾には電子部品の生産会社シャープ・エレクトロニクス・タイワン（SET）を設立した．また，販売会社としては，スイスにシャープ・エレクトロニクス・シュバイツ・アーゲー（SEZ），オーストリアにシャープ・エレクトロニクス・ゲー・エム・ベー・ハー（SEA），そしてシンガポールに販売会社シャープ・ロキシー・セールス・シンガポール・プライベート・リミテッド（SRS）を設立した．

1987年，シャープは「液晶のシャープ」の名を不動のものにした．まず，業界最高レベルの TFT 液晶モジュールを開発し，これを組み込んだ液晶カラー・テレビは話題を集めた．

一方，この年は円高が一段と進み，日本経済は急速に後退した．同社も11年

ぶりに減収減益となり，国内販売の強化や海外生産への移行などを進め，定着する円高に備えた．

国内では，営業体制の強化を図るため，販売会社として「シャープエレクトロニクス販売株式会社」と「シャープシステムプロダクト株式会社」の2社を新たに発足した．そして，海外生産強化のために，タイに電子レンジや冷蔵庫などを製造するための拠点シャープ・アプライアンシズ（タイランド）リミテッド（SATL）を設立した．さらに，シンガポールに輸出拠点シャープ・エレクトロニクス・シンガポール・プライベート・リミテッド（SESL）を設立するとともに，香港に販売会社シャープ・ロキシー・ホンコン（SRH）を設立した．

1988年，イギリスに生産会社であるシャープ・プレシジョン・マニュファクチュアリング・イギリス・リミテッド（SPM (UK)）を設立し，ニュージーランドには販売会社であるシャープ・コーポレーション・オブ・ニュージーランド（SCNZ）を設立した．

また，この頃，CM活動をベースにした「新人事評価制度」を導入した．仕事の目標を上司との話し合いで決め，結果の評価も自己診断と上司とのコミュニケーションを通して納得できるように行うこととした．これは，単に昇給や昇進の資料ではなく，能力開発とやり甲斐の向上に重点を置いた独自の評価制度であった．さらに，国際的な経営環境の変化に適時に対応できるよう，全世界の拠点間で，電話，ファクシミリはもちろん，コンピュータ・データなど必要な経営情報が入手・活用できる全社統合情報システムの構築に着手した．これは，当時，最大規模の国際通信ネットワーク・システムである．

1989年，さらに海外での活動を広げ，生産会社としては，フランスにシャープ・マニュファクチュアリング・フランス・エス・エー（SMF），インドにカリヤニ・シャープ・インディア・リミテッド（KSIL），そして生産拠点としてマレーシアにシャープ・マニュファクチュアリング・コーポレーション（SMM）を設立した．また，タイに販売会社シャープ・テブナコーン・カンパニー・リミテッド（STCL）を設立した．

1990年,シャープはシャープ・テクノシステム株式会社を設立した.さらに,海外で初めての基礎研究所であるシャープ・ヨーロッパ研究所(SLE)をイギリスのオックスフォードに設立した.ここは,オプトエレクトロニクス,AI(人工知能)などの基礎研究や,現地ニーズに即した商品の開発拠点となった.さらに,金融会社として,イギリスに,シャープ・インターナショナル・ファイナンス・ユナイテッドキングダム・ピー・エル・シー(SIF)を設立した.そして,販売会社として,台湾にシャープ・コーポレーション・タイワン(SCOT),フランスにシャープ・エレクトロニクス・フランス・エス・エー(SBM,現SEF),そしてイタリアにシャープ・エレクトロニクス・イタリア・エス・ピー・エー(SEIS)を設立した.

　1991年,天理に液晶新工場を完成させるとともに,アメリカにも液晶ディスプレイの量産工場シャープ・フラット・ディスプレイ・マニュファクチュアリング・カンパニー(SFDM)を設立した.これにより,前年発足した液晶事業本部や液晶映像システム事業部と合わせ,液晶の開発から応用,生産,マーケティングを含むトータルな事業体制が確立したシャープは,国際的にトップの事業基盤を一段と強化したのである.さらに,オランダに販売会社であるシャープ・エレクトロニクス・ベネルクス・ビー・ブィ(SEB)も設立された.

　1992年,将来の情報化推進のためのマルチ・メディアの開発拠点である千葉・幕張ビルが完成した.また,シャープ英国研究所(SLE)の新社屋も完成し,21世紀に向けたグローバルな研究開発体制を一段と強化した.さらに,次世代のキー・デバイスをはじめ今後の成長が期待される事業領域について,国際的な技術提携も進めた.

　国内販売会社については,地域店担当の「シャープエレクトロニクス販売株式会社」と広域店担当の「シャープライフエレクトロニクス販売株式会社」の二社体制に再編成した.これは,販売店の業態に応じた,よりキメ細かく効率の高い営業活動を行うためのものである.さらに,海外では,台湾に販売会社であるシャープ・エレクトロニック・コンポーネンツ・タイワン(SECT)を設立した.

生産体制としては，最先端の超 LSI を量産する福山第 3 工場が 1 月に完成し，次世代の電化製品を開発するために八尾工場の再開発を行い，空調統合工場の建設に着手した．海外では，タイにカラー・テレビの新工場（STTM），上海には合弁でエアコンの生産・販売会社である上海夏普空調機器有限公司（SSAC）を設立した．これは，シャープとして初めての中国における生産拠点であり，稼動し始めたのは1994年であった．

1993年，米国の生産会社 SMCA のカラー・テレビと電子レンジの累計生産台数が，それぞれ2,000万台を突破した．操業開始以来14年，部品調達の高い現地化率，品質に重点を置いた生産姿勢，米国のニーズにマッチした商品展開で，また電子レンジにおいてもトップ・シェアを達成した．また，中国2社目の拠点として，江蘇省常熟市にシャープが100％出資して複写機の生産会社夏普弁公設備（常熟）有限公司（SOCC）を設立した．生産した複写機は，日本，米国，欧州など全世界に輸出した．この会社は，1996年には，中国向け販売も開始し，シャープ最大の複写機工場へと成長した．さらに，イギリスのアドバンスド・リスク・マシーン社と32ビット・マイクロ・プロセッサ（ARM プロセッサ）の製造・販売等に関するライセンス契約を結んだ．

### 1.3 液晶のシャープへ（1994年〜）

1994年，シャープは，FA 事業強化を目指し，シャープ精機株式会社をシャープ・マニファクチャリング・システム株式会社に名称変更した．さらに，海外では，中国・上海の新工場（SSAC）が完成した．その後，ジャー炊飯器などの品目も追加され，社名を上海夏普電器有限公司（SSEC）へ変更した．アメリカでは，生産開発拠点シャープ・マイクロ・エレクトロニクス・テクノロジー・インコーポレイティッド（SMT）で液晶生産が増強されるとともに，インドネシアでカラー・テレビと冷蔵庫の生産販売会社シャープ・ヤソンタ・インドネシア（SYI）が設立された．

1995年，中国江蘇省無錫市に液晶の生産，販売を行う合弁会社無錫夏普電子元器件有限公司（WSEC）を設立した．生産自体は，1996年より，ワープロ，

パソコン用の，中・大型液晶パネルを中心に開始された．

そして，インドネシアの首都ジャカルタ東方，カラワン県に，IC やオプトデバイスなどの半導体を製造するための生産会社ピー・ティー・シャープ・セミコンダクター・インドネシア（SSI）を設立した．これは，操業開始は1996年であるが，インドネシアでは3社目の拠点であった．さらに，イギリスの生産会社である SUKM がイギリスの日系企業で初めて，英国規格協会（BSI）の環境管理システム規格「BS7750」を取得した．

さらに，マルチメディア分野の研究を行うシャープ・アメリカ研究所シャープ・ラボラトリーズ・オブ・アメリカ（SLA）をワシントン州カマス市に設立した．これにより，日本，アメリカ，イギリスの三極によるグローバルな研究開発体制を整えた．その目的は，アメリカの優れた研究者と協力して，急速に発展するマルチ・メディア技術を，シャープ全社の独創的な商品創出に生かすことであった．

また，マレーシアの首都クアラルンプール郊外に，アジア向け AV 機器の設計，開発と，世界中の生産会社向けや修理用パーツの調達供給を行う複合事業会社シャープ・エレクトロニクス・マレーシア（SEM）を設立した．シャープは，世界各地で現地ニーズに密着した研究開発から，生産，販売，サービスにいたる完結型の事業化を進めていたため，これはアジア地域における商品開発の中枢拠点となった．

加えて，アメリカの AT&T 社と次世代ビデオフォン技術で共同研究を行うとともに，ナショナル・セミコンダクター社と MD データ・ドライブ・システムを共同開発することとなった．

1996年，米国西部地域の流通機能を強化するため，ロサンゼルス郊外に，広大な流通センターを建設着工した．これは，アメリカの販売会社 SEC のロサンゼルス支店でもあり，技術開発拠点 SDI もこのセンターへ移転し，同社西部地域の最大拠点となった．

そして，中国第2位のテレビ・メーカー南京熊猫電子股分有限公司と合弁で，中国の江蘇省南京市に，AV 商品の生産販売会社南京夏普電子有限公司

(NSEC) を設立した．SSEC は，冷蔵庫と洗濯機の新工場を建設することとした．同社は，エアコン生産開始以来，電子ジャー炊飯器や電子レンジに業容を拡大し，今回の冷蔵庫，洗濯機で，電化白物の三大品目をそろえた．

シャープは，ソニー株式会社とプラズマ・アドレス液晶（PALC）技術を用いた，大型フラット・ディスプレイ・パネルの共同開発を行うと発表した．これは，プラズマ放電によって液晶素子を駆動する新方式である．

1997年，メキシコ・ロサリト市に，カラーテレビと電化製品の生産会社シャープ・エレクトロニカ・メキシコ・エス・エー・デ・シー・ブイ（SEMEX）を設立することを発表した．この工場で生産するカラー・テレビ，掃除機は，メキシコ国内，北米，そして中南米全域を販売ターゲットとしていた．

アラブ首長国連邦・ドバイの自由貿易区に，中近東・アフリカ向けを担当する販売会社であるシャープ・ミドルイースト・フリーゾーン・エスタブリッシュメント（SMEF）を設立し，営業・サービス活動を強化すると発表した．これは，4中地域戦略（急成長する中国，中近東，中南米，中東欧への販売拡大策）の一環として，新規市場への積極的取り組みを目指したものである．さらに，中国上海の浦東新区に上海広電（集団）有限公司と合弁で，金型の生産・販売会社上海夏普模具工業控制系統有限公司（SSMC）を設立した．また，フィリップス・エレクトロニクス N. V. およびソニーとの共同開発により，「プラズマ・アドレス液晶」（PALC）技術を用いた，42型 PALC ディスプレイの開発に成功した．

1998年，町田勝彦氏が4代目社長に就任し，各事業分野を統轄する新時代に入った．新体制では，液晶のシャープにちなんで，"クリスタルクリア・カンパニー"を宣言し，国際社会でキラリと光るオンリー・ワン企業をめざして，すべての面で特長のある会社，透明感のある会社，明るい会社を作り上げるべく，グループ全員の力を結集してゆくこととなった．

そこでまず，複写機などのドキュメント事業強化のためのシャープドキュメントシステム(株)（SDS）および太陽光発電システムなどの環境システム事業

強化のためのシャープアメニティシステム(株)(SAS)の二つの販売会社を設立した.また,地域店向け担当のシャープ・エレクトロニクス販売(株)(SEH)と広域店向け担当のシャープ・ライブ・エレクトロニクス販売(株)(SLH)を合併し,家電と情報機器の販売会社として「シャープ・エレクトロニクス・マーケティング(株)」(SEMC)を設立した.これにより,時代を先取りした販売体制の専門化,集約化を行い,営業第一線を強化した.

さらに,シャープは世界最大のLSI回路設計会社ケイデンス・デザイン・システムズ社(米国・カリフォルニア州)と提携し,シャープが開発したデータ駆動メディアプロセッサー(DDMP)を核とした次世代情報家電向けシステムLSIを共同開発することとなった.また,ヌーボメディア社(Nuvo Media, Inc.)と電子出版事業での協業を発表した.

1999年,シャープは,マレーシア・サラワク州(クチン市)で州政府が出資する,受託生産専門のLSIメーカー「1st Silicon社」に対して,先端半導体生産技術を供与することに合意した.また,台湾で最大のノートパソコンメーカー,クオンタ社との間にTFT液晶の技術供与を含む総合的な事業提携を行うこととした.これにより,クオンタ社の子会社へ出資し,TFT液晶モジュールや関係部品の安定的供給と,生産技術を供与するとともに,パソコンの供給を受けることになった.

さらに,通信系半導体専門メーカーとして世界最大の「コネクサント社」と,次世代デジタル家電や通信機器向けのシステムLSIに適した超高密度C-MOSロジック半導体の微細加工技術で提携すると発表した.2000年第4四半期の開発完了をめざして共同推進し,システムLSIの開発に両社生産工場の相互活用(バーチャル・ハブ化)なども進める.

そして,このとき,1978年以来の対日輸入制限の完全撤廃に伴い,韓国でのパートナーである李グループと合弁で,販売会社シャープ・エレクトロニクス株式会社(SEI)を設立することとした.また,インド・カルナタカ州バンガロール市に,デジタル複合機のソフトウェア開発会社であるシャープ・ソフトウェア・デベロップメント・インディア(SSDI)を設立し,2000年,インド

の有力企業ラーセン・ターブロ社との合弁により，情報関連機器の販売会社シャープ・ビジネス・システムズ・インディア・プライベート・リミテッド（SBI）を設立した．これにより，インド市場における複写機・PCなど情報機器の輸入販売とそのアフターサービスを行うこととした．また，中国上海に電子部品の販売会社である夏普電子元器件［上海］有限公司（SMC）を，ポーランド・ワルシャワ市に販売拠点であるシャープ・エレクトロニクス・オーストリア・ポーランド支店（SEAP）を設立した．

2001年，日本アイ・ビー・エム株式会社と合弁で，「エスアイソリューションズ株式会社」を設立した．同社は，シャープ情報システムのアウトソーシング・サービスを提供するとともに，生産管理，販売管理などの経営管理業務をサポートする総合情報システム「ERP（Enterprise Resource Planning）」や，受発注，資材調達，在庫管理などを総合的に管理する「SCM（Supply Chain Management）」に関するソリューションビジネスを行うものである．

また，東北パイオニア社の半導体エネルギー研究所と有機EL用のTFT基板の生産・販売のための合弁会社「エルディス株式会社」を設立したり，三菱マテリアル株式会社と共同で設立した「関西リサイクル・システムズ株式会社」が稼動した．

さらに，英国ブラックネルに携帯電話の開発拠点であるシャープ・テレコミュニケーションズ・オブ・ヨーロッパ（STE）を設立した．

2002年，国内で販売するテレビをすべて液晶に変えるというビジョンのもと，液晶パネルから大型液晶テレビ完成品までを一貫生産する工場として，三重県亀山市に工場を建設することとした．亀山工場では，独自の液晶技術とテレビ映像技術を一カ所に統合することで，"デバイス"と"商品"のスパイラル効果を高め，「豊かなAVライフ実現」にふさわしい液晶テレビの開発・生産に取り組み，新たな市場を開拓している．

2003年，シャープは液晶テレビの開発・供給で，ドイツのレーベ社との協業に合意した．さらに，メキシコのSEMEXで，「アクオス」の生産を，アメリカのSMCAで，太陽電池モジュールの生産を開始した．

2004年,世界で初めて大型液晶パネルから"亀山ブランド"大型液晶テレビまでを一貫生産する最先端の亀山工場が本格的に稼動した.同工場は,液晶・映像関連技術と環境技術を高いレベルで融合させた新鋭工場で,「日本のモノづくり」を代表する工場となった.また,シャープは太陽光発電などの新エネルギー分野で,アメリカのニュー・メキシコ州との共同開発に合意した.

2005年,中国に100%出資の販売会社である夏普商貿［中国］有限公司（SESC）を設立した.また,富士通(株)からの液晶事業譲り受けに合意したとともに,東京大学との共同研究開発拠点（東大シャープ・ラボ）を東大駒場キャンパスに設立している.

現在,シャープは,「誠意」と「創意」を経営信条とし,株主,取引先,そして社員などすべての協力者との相互繁栄を実現することを経営理念に掲げて事業活動を行っている.そして,中長期的な経営戦略と対処すべき課題として次の四つを掲げている（シャープ株式会社ホームページ2006）.

図表 4 - 2　シャープの各種データ（連結ベース）

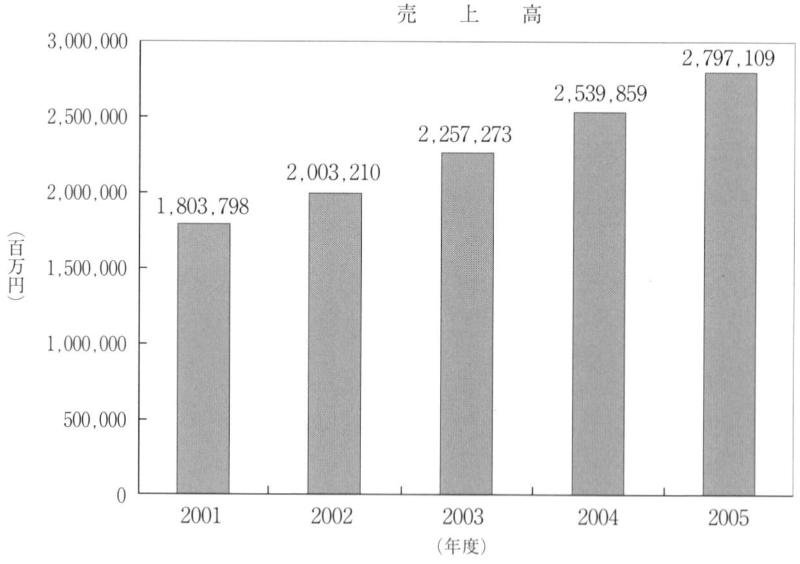

売　　上　　高

（百万円）

| 年度 | 売上高 |
|---|---|
| 2001 | 1,803,798 |
| 2002 | 2,003,210 |
| 2003 | 2,257,273 |
| 2004 | 2,539,859 |
| 2005 | 2,797,109 |

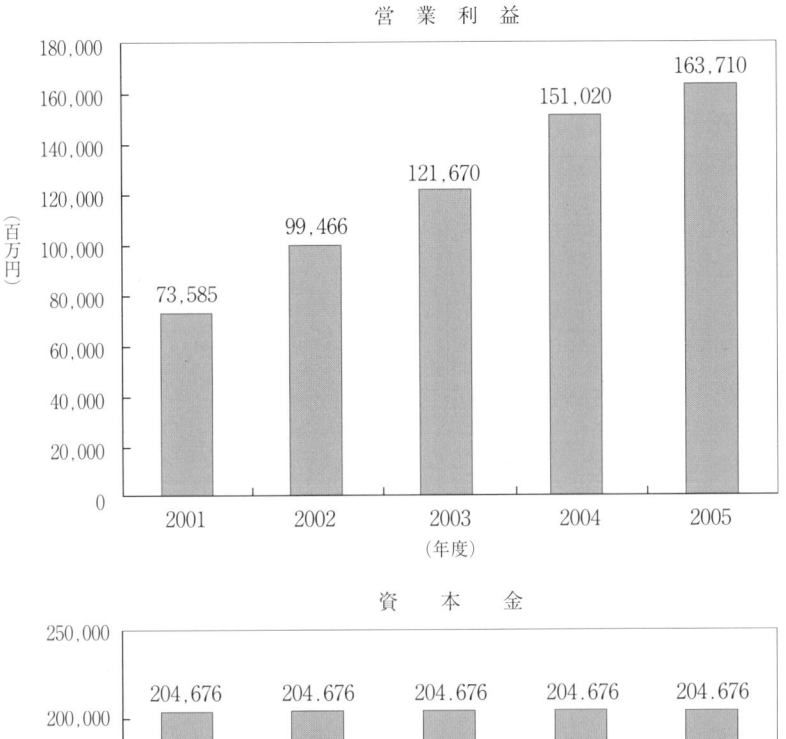

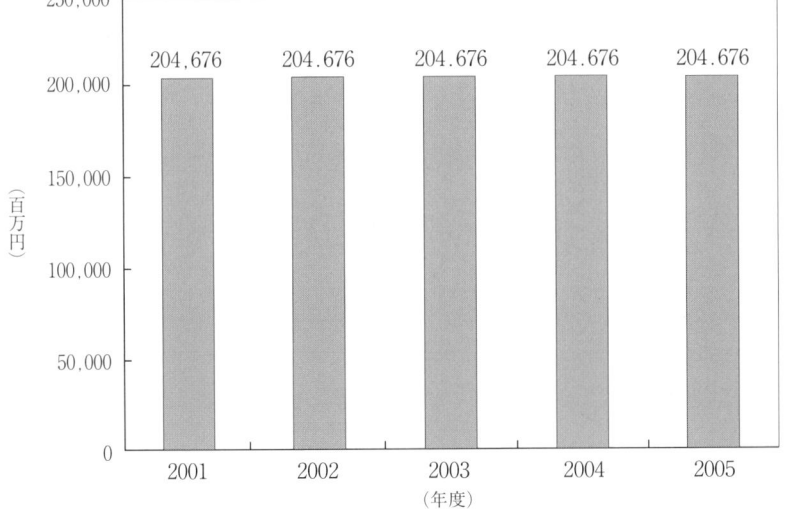

第4章 シャープ株式会社の国際管理会計　105

営 業 利 益

(百万円)

| 年度 | 営業利益 |
|---|---|
| 2001 | 73,585 |
| 2002 | 99,466 |
| 2003 | 121,670 |
| 2004 | 151,020 |
| 2005 | 163,710 |

資 本 金

(百万円)

| 年度 | 資本金 |
|---|---|
| 2001 | 204,676 |
| 2002 | 204,676 |
| 2003 | 204,676 |
| 2004 | 204,676 |
| 2005 | 204,676 |

従業員数

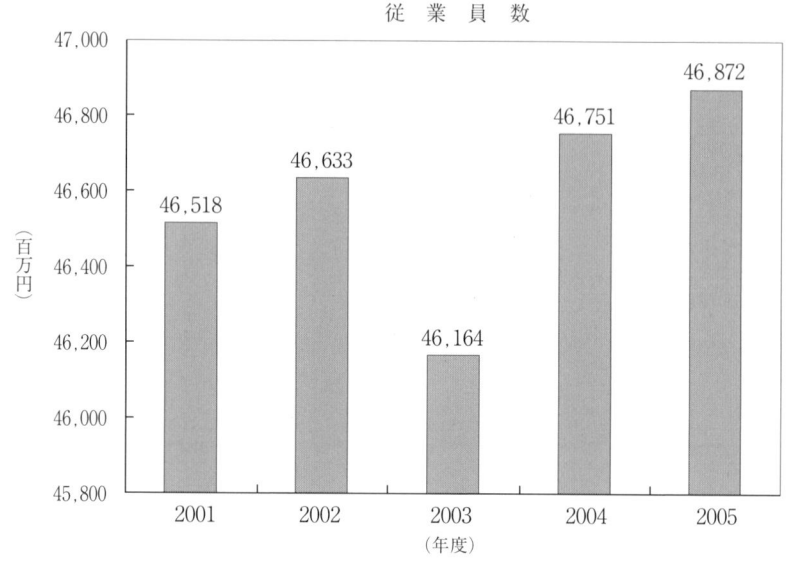

(百万円)

| 年度 | 金額 |
|---|---|
| 2001 | 46,518 |
| 2002 | 46,633 |
| 2003 | 46,164 |
| 2004 | 46,751 |
| 2005 | 46,872 |

出典：シャープ株式会社ホームページ2007

(1) グローバル市場における競争優位の確立
(2) 地球環境保全への取り組み強化
(3) 新たなモノづくりを支える事業基盤の強化
(4) 企業の競争力を高める組織体への進化

シャープは，戦略や課題に対処し，従来どおり「価値あるオンリー・ワン企業」とともに，「地球温暖化負荷ゼロ企業」を目指している．このようなシャープの2001年度から2005年度までの企業規模等は次のとおりである．なお，各セグメントに関するデータについては次節で述べる．

## §2　戦略と組織構造

### 2.1　組織構造

シャープは，2006年4月に組織変更を行っている．この組織は図表4-3のとおりである．

第4章　シャープ株式会社の国際管理会計　107

図表4-3　シャープの組織図（2007年2月1日現在）

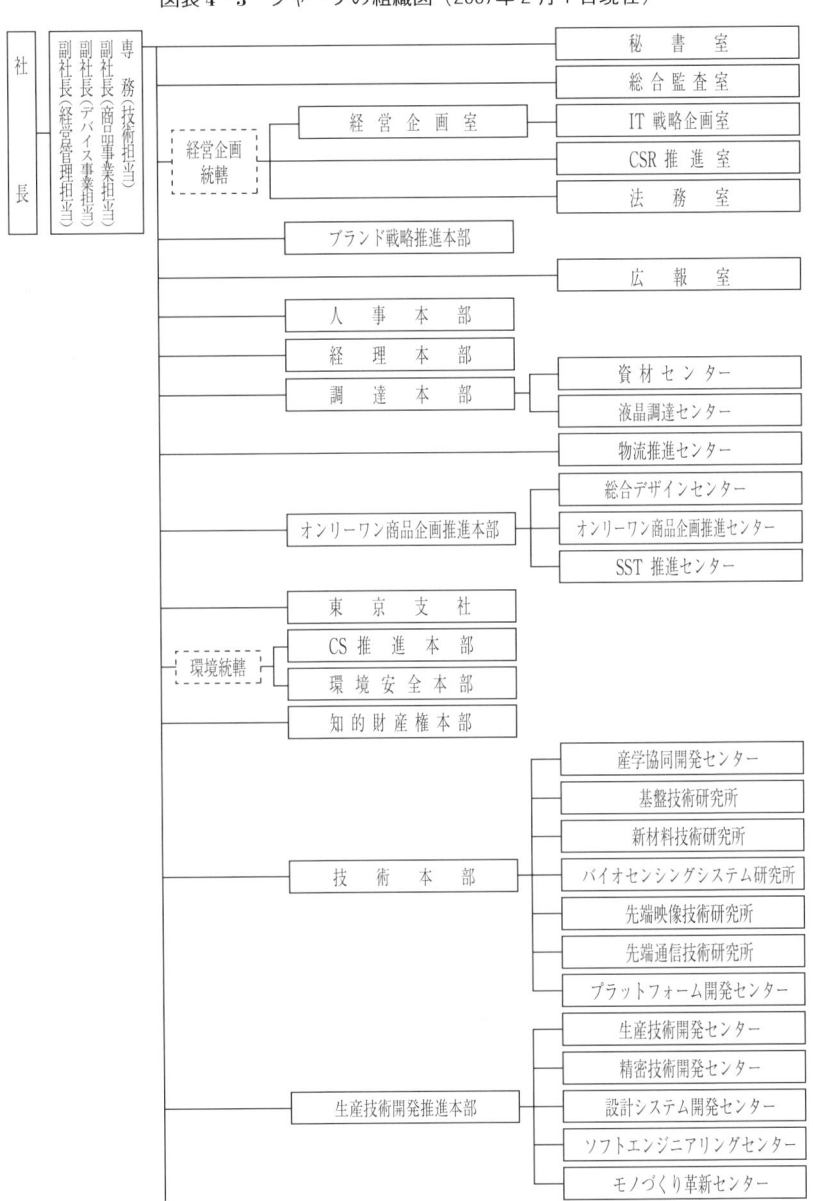

```
社長
├─ 専務（技術担当）
├─ 副社長（商品事業担当）
├─ 副社長（デバイス事業担当）
├─ 副社長（経営管理担当）
│
├─ 秘書室
├─ 総合監査室
├─ [経営企画統轄]
│    └─ 経営企画室
│         ├─ IT戦略企画室
│         ├─ CSR推進室
│         └─ 法務室
├─ ブランド戦略推進本部
├─ 広報室
├─ 人事本部
├─ 経理本部
├─ 調達本部
│    ├─ 資材センター
│    └─ 液晶調達センター
├─ 物流推進センター
├─ オンリーワン商品企画推進本部
│    ├─ 総合デザインセンター
│    ├─ オンリーワン商品企画推進センター
│    └─ SST推進センター
├─ 東京支社
├─ [環境統轄]
│    ├─ CS推進本部
│    ├─ 環境安全本部
│    └─ 知的財産権本部
├─ 技術本部
│    ├─ 産学協同開発センター
│    ├─ 基盤技術研究所
│    ├─ 新材料技術研究所
│    ├─ バイオセンシングシステム研究所
│    ├─ 先端映像技術研究所
│    ├─ 先端通信技術研究所
│    └─ プラットフォーム開発センター
└─ 生産技術開発推進本部
     ├─ 生産技術開発センター
     ├─ 精密技術開発センター
     ├─ 設計システム開発センター
     ├─ ソフトエンジニアリングセンター
     └─ モノづくり革新センター
```

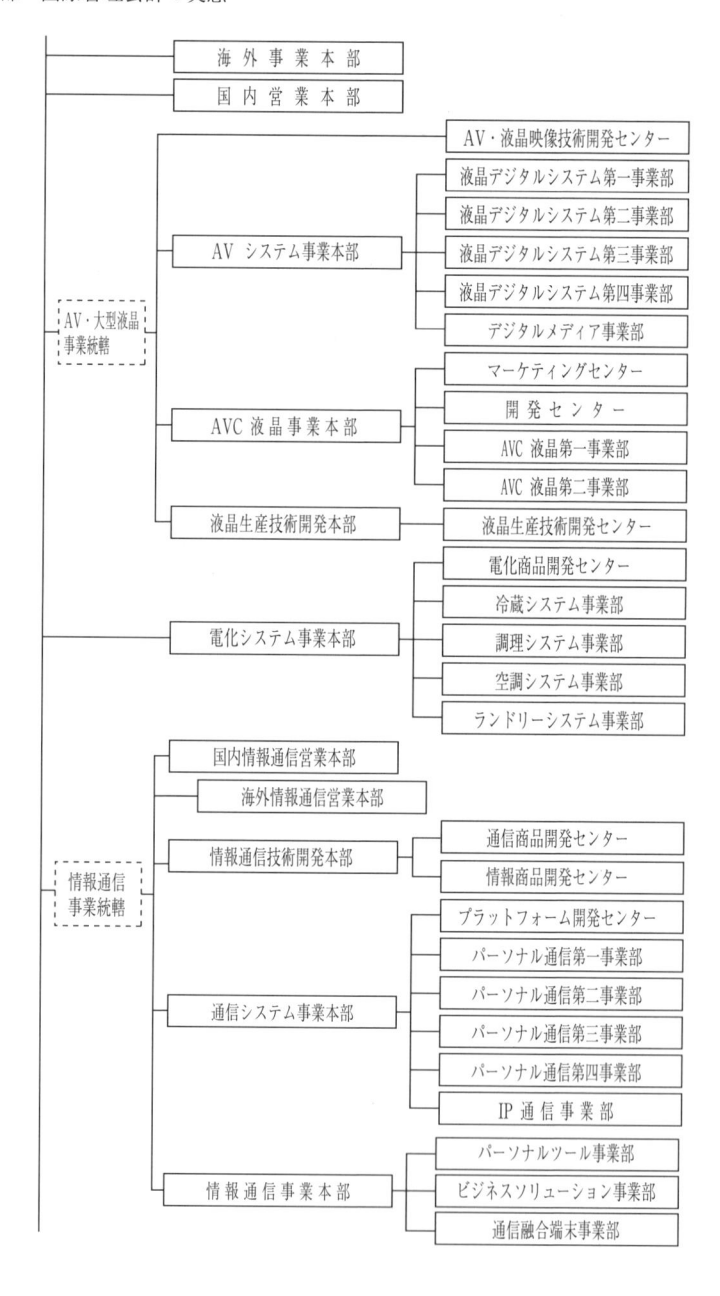

```
                    ┌─ 海外事業本部
                    ├─ 国内営業本部
                    │                              ┌─ AV・液晶映像技術開発センター
                    │                              ├─ 液晶デジタルシステム第一事業部
                    │                              ├─ 液晶デジタルシステム第二事業部
                    │          ┌─ AVシステム事業本部 ─┼─ 液晶デジタルシステム第三事業部
                    │          │                    ├─ 液晶デジタルシステム第四事業部
                    │          │                    └─ デジタルメディア事業部
                ┌ AV・大型液晶 ┤                   ┌─ マーケティングセンター
                │  事業統轄   ├─ AVC液晶事業本部 ──┼─ 開発センター
                │             │                    ├─ AVC液晶第一事業部
                │             │                    └─ AVC液晶第二事業部
                │             └─ 液晶生産技術開発本部 ── 液晶生産技術開発センター
                │                                    ┌─ 電化商品開発センター
                │                                    ├─ 冷蔵システム事業部
                │          ── 電化システム事業本部 ──┼─ 調理システム事業部
                │                                    ├─ 空調システム事業部
                │                                    └─ ランドリーシステム事業部
                │          ┌─ 国内情報通信営業本部
                │          ├─ 海外情報通信営業本部
                │          │                         ┌─ 通信商品開発センター
                │          ├─ 情報通信技術開発本部 ──┤
                │          │                         └─ 情報商品開発センター
                │  情報通信 │                         ┌─ プラットフォーム開発センター
                └ 事業統轄 ─┤                         ├─ パーソナル通信第一事業部
                           │                         ├─ パーソナル通信第二事業部
                           ├─ 通信システム事業本部 ──┼─ パーソナル通信第三事業部
                           │                         ├─ パーソナル通信第四事業部
                           │                         └─ IP通信事業部
                           │                         ┌─ パーソナルツール事業部
                           └─ 情報通信事業本部 ──────┼─ ビジネスソリューション事業部
                                                     └─ 通信融合端末事業部
```

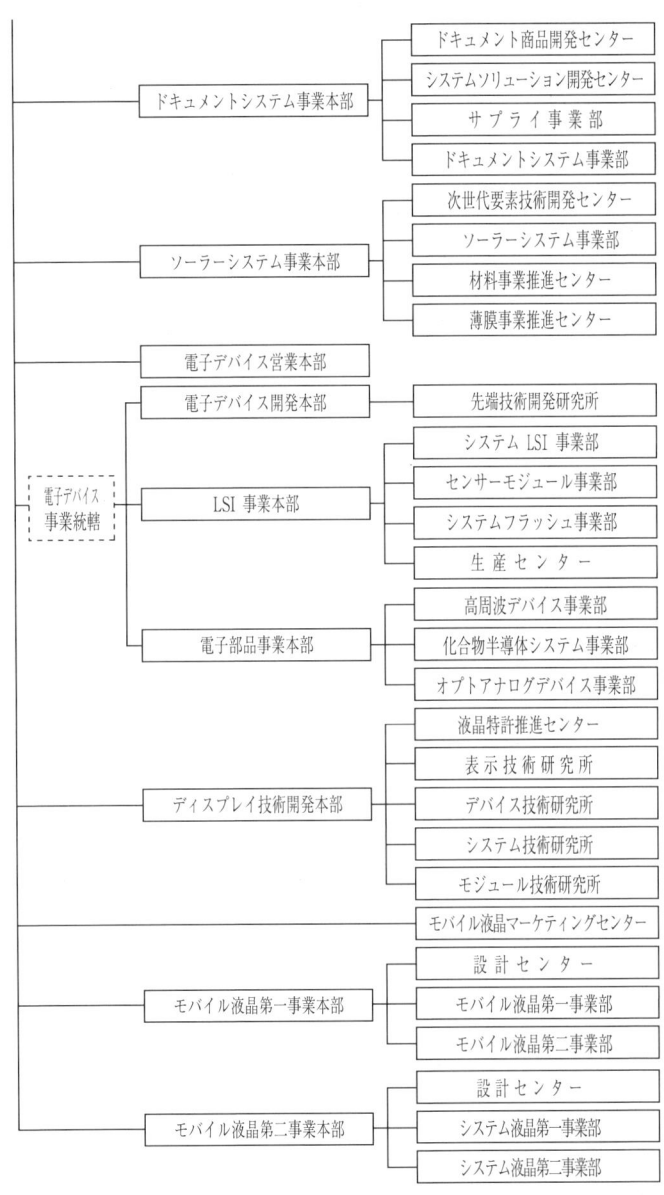

第4章　シャープ株式会社の国際管理会計　109

```
                                    ┌─ ドキュメント商品開発センター
              ┌─ ドキュメントシステム事業本部 ─┼─ システムソリューション開発センター
              │                     ├─ サプライ事業部
              │                     └─ ドキュメントシステム事業部
              │                     ┌─ 次世代要素技術開発センター
              ├─ ソーラーシステム事業本部 ─┼─ ソーラーシステム事業部
              │                     ├─ 材料事業推進センター
              │                     └─ 薄膜事業推進センター
              ├─ 電子デバイス営業本部
              ├─ 電子デバイス開発本部 ── 先端技術開発研究所
              │                     ┌─ システム LSI 事業部
      ┌電子デバイス┐ ─ LSI 事業本部 ─┼─ センサーモジュール事業部
      │事業統轄 │                    ├─ システムフラッシュ事業部
      └─ ─ ─ ─ ┘                    └─ 生産センター
              │                     ┌─ 高周波デバイス事業部
              ├─ 電子部品事業本部 ──┼─ 化合物半導体システム事業部
              │                     └─ オプトアナログデバイス事業部
              │                     ┌─ 液晶特許推進センター
              │                     ├─ 表示技術研究所
              ├─ ディスプレイ技術開発本部 ─┼─ デバイス技術研究所
              │                     ├─ システム技術研究所
              │                     └─ モジュール技術研究所
              ├─ モバイル液晶マーケティングセンター
              │                     ┌─ 設計センター
              ├─ モバイル液晶第一事業本部 ─┼─ モバイル液晶第一事業部
              │                     └─ モバイル液晶第二事業部
              │                     ┌─ 設計センター
              └─ モバイル液晶第二事業本部 ─┼─ システム液晶第一事業部
                                    └─ システム液晶第二事業部
```

出典：シャープ株式会社ホームページ2007

この組織変更では，商品事業担当副社長，デバイス事業担当副社長，およびAV・大型液晶事業統轄専務を配置するとともに，五つの統轄（経営企画，環境，AV大型液晶事業，情報通信事業，電子デバイス事業）を配置している．また，内部統制システム構築の一環として，「統合監査室」を新設した．

図表4-3のとおり，シャープでは，事業本部制を導入しており，五つの統轄と11の事業本部のもとに32の製品事業部を設けている．事業本部は，社内資本金制度のもとにインベストメント・センターとして設定されているのに対して，事業部はプロフィット・センターとして管理されている．また本社直属のスタッフ部門として，12本部，1企画室，および東京支社が設けられている．

ただし，本社本部のうち，国内営業本部と海外事業本部は事業本部のように，商品および部品の販売活動を統括・管理している．前者は，国内販売活動を，後者は海外販売活動を統括・管理している．なお，商品製造は，主として海外の子会社および関連会社で行い，部品の重要な部分の製造は国内で行っている．これは，部品の核となる部分に関する情報を外部に流出させないためである．

さらに，シャープは，1985年に自社で使う半導体生産設備や国内で販売する商品を輸入する「シャープ・トレーディング(株)」を設立した．グループ内における取引のフローは，図表4-4のように示される．

シャープにおいて，複数の事業部からなる事業本部は，一部の例外を除いて，当該複数事業部の製品のすべてを1カ所にある工場で生産している．シャープは1カ所の工場で複数事業部の製品が生産されているため，工場内において製品生産の組み合わせの変更は相対的に容易に行うことができる．このことは，常に顧客ニーズのある製品の生産へのシフトを迅速に行うことができる，ということを含意している．したがって，シャープの生産体制においては，事業本部の工場は製造アウトソーシング専用の企業（Electronics Manufacturing Service, EMS）の先駆的な形態として理解することができる．シャープはこのような工場のもとで設計・生産・顧客サービスを行っている．

このような状況の中で，シャープは，2004年1月から三重県亀山市の工場において，大型液晶テレビの一貫生産を開始した．世界初の1,500×1,800ミリの

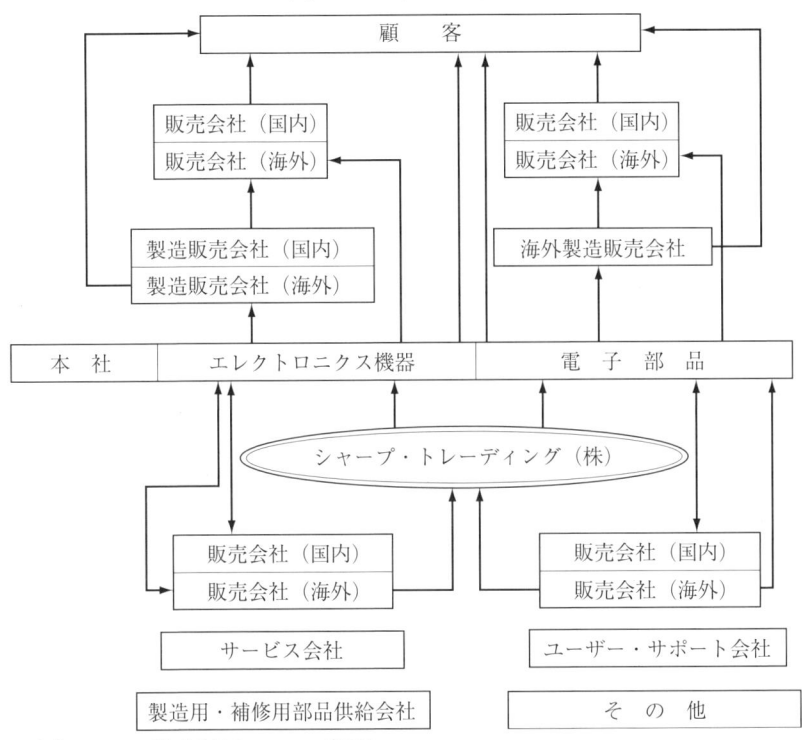

図表4-4 事業の系統図

```
                              顧　客
         ┌──────────────────┬──────────────────┐
         │ 販売会社（国内） │ 販売会社（国内） │
         │ 販売会社（海外） │ 販売会社（海外） │
         ├──────────────────┼──────────────────┤
         │ 製造販売会社（国内） │ 海外製造販売会社 │
         │ 製造販売会社（海外） │                  │
  ┌──────┼──────────────────┼──────────────────┤
  │本 社 │ エレクトロニクス機器 │  電 子 部 品   │
  └──────┴──────────────────┴──────────────────┘
                    シャープ・トレーディング（株）
         ┌──────────────────┬──────────────────┐
         │ 販売会社（国内） │ 販売会社（国内） │
         │ 販売会社（海外） │ 販売会社（海外） │
         ├──────────────────┼──────────────────┤
         │   サービス会社   │ ユーザー・サポート会社 │
         ├──────────────────┼──────────────────┤
         │製造用・補修用部品供給会社│   そ の 他   │
         └──────────────────┴──────────────────┘
```

出典：シャープ株式会社ホームページ2007

大型マザー・ガラスを採用し，液晶パネルの生産から液晶テレビの組み立てまでの高効率一貫生産を実現し，高画質で高音質な大型液晶テレビを供給する．この工場は，大型液晶テレビの一貫生産により，物流及び生産・検査工程の合理化を進めた垂直統合型の画期的な最新鋭工場である．過去から培ってきた独自の液晶技術とテレビ映像技術を，一つの工場に集積化することで，生産の高効率化を図り，"デバイス"と"商品"のスパイラル効果をさらに高めることが可能となる（シャープ株式会社ホームページ2007）．

また，この亀山第2工場では，シャープなど20数社が出資する国家プロジェクトの受け皿会社であるフューチャー・ビジョンでの開発成果を積極的に導入している．これにより，大型テレビの性能とコストで圧倒的な競争力を実現す

ることができる．この亀山第2工場の建設は，フューチャー・ビジョンに参加する部品・材料メーカーや装置メーカーとともに進められた．この亀山第2工場を含め，シャープは今後の液晶工場では，部材工場などを集積化する"クラスタ化"を目指している（日経マイクロ・デバイス，2005/12）．

さらに，2005年，「アクオス」を扱っているAVシステム事業本部の中に，液晶デジタル・システム第1事業部から第3事業部までを新設した．これは，新製品の日米欧同時立ち上げに踏み切るシャープの「秘密兵器」である．第1事業部が日米中心，第2事業部が中国などアジア地域，そして第3事業部が欧州中心で，放送の方式により専任の開発体制を敷いたのである．各事業部のトップには，その地域に精通した事業部長を任命し，特定の地域だけ新製品の発売が遅れることのないように，万全を期した（日経ビジネス，2005/7/18）．

シャープは，さらに市場開拓によるパネル需給の安定化，知財戦略の強化，技術流出の防止，安全と環境への配慮の四つに力を入れていくこととした．この取り組みにより，継続的な投資が可能な事業体制を構築する（日経マイクロ・デバイス，2005/12）．

以上のようなシャープの各セグメントの概要は図表4-5のとおりである．

### 2.2 管理会計

シャープは事業部制を採用しており，製造事業単位と販売事業単位が区別され，製造事業活動および販売事業活動はそれぞれ垂直的に統合・管理されている．各事業単位（事業本部，事業部，販売会社，製造会社）は自主独立の管理単位であり，予算管理が行われている．すなわち，3カ年の中期経営計画のもとローリング方式で1年の短期経営計画を行っている．そして，この短期経営計画のもとで6カ月の予算を編成している．

予算編成は海外事業単位の予算編成から始まり，国内の事業部，事業本部およびグループ全体の予算編成で終わる．なお，事業単位間の財貨（商品，部品など）の振替価格は市価を基準として，関係事業単位間の交渉によって決定される．したがって，海外事業単位管理者は予算編成時に関係事業単位と振替価

第4章 シャープ株式会社の国際管理会計　113

**図表 4-5　各セグメントの概要**

(a) エレクトロニクス機器

| 年度 | 営業利益(単位：百万円) |
|---|---|
| 2001 | 34,836 |
| 2002 | 43,646 |
| 2003 | 47,434 |
| 2004 | 57,035 |
| 2005 | 62,299 |

| 年度 | 売上高(単位：百万円) |
|---|---|
| 2001 | 1,276,078 |
| 2002 | 1,350,404 |
| 2003 | 1,442,702 |
| 2004 | 1,604,945 |
| 2005 | 1,740,773 |

エレクトロニクス機器・売上高

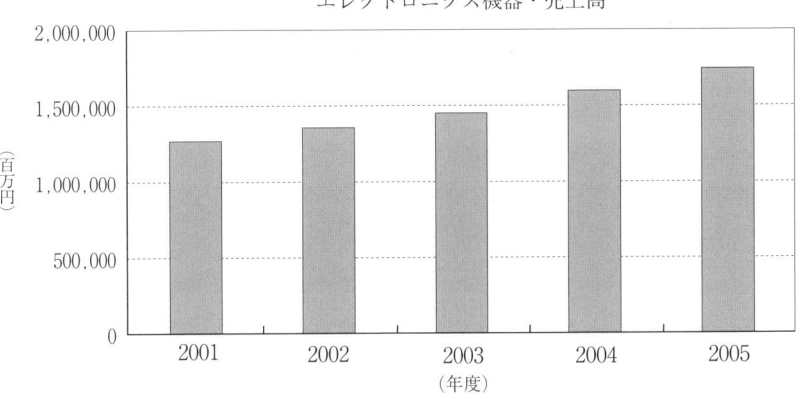

エレクトロニクス機器・営業利益

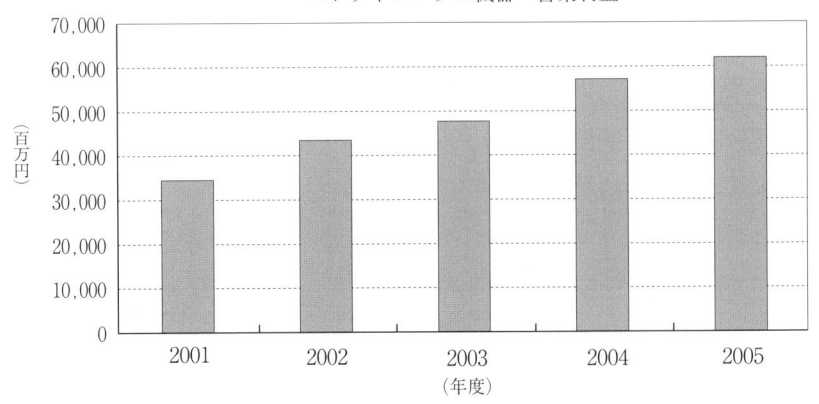

114    第2部　国際管理会計の実態

(b) 電子部品等

| 年度 | 売上高(単位：百万円) |
|---|---|
| 2001 | 529,722 |
| 2002 | 656,810 |
| 2003 | 818,577 |
| 2004 | 938,922 |
| 2005 | 1,060,346 |

| 年度 | 営業利益(単位：百万円) |
|---|---|
| 2001 | 37,269 |
| 2002 | 56,315 |
| 2003 | 73,971 |
| 2004 | 93,520 |
| 2005 | 101,914 |

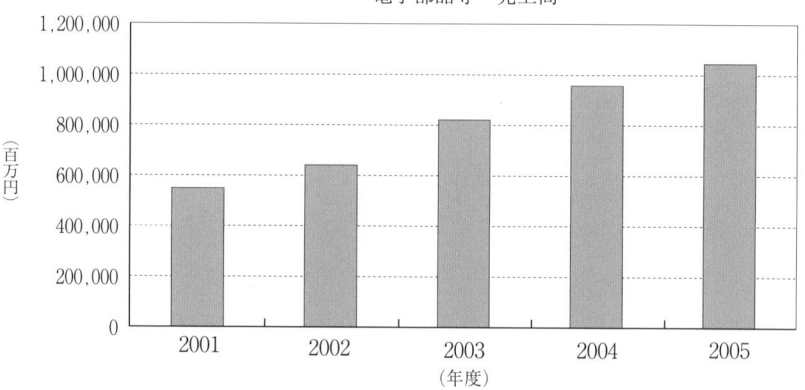

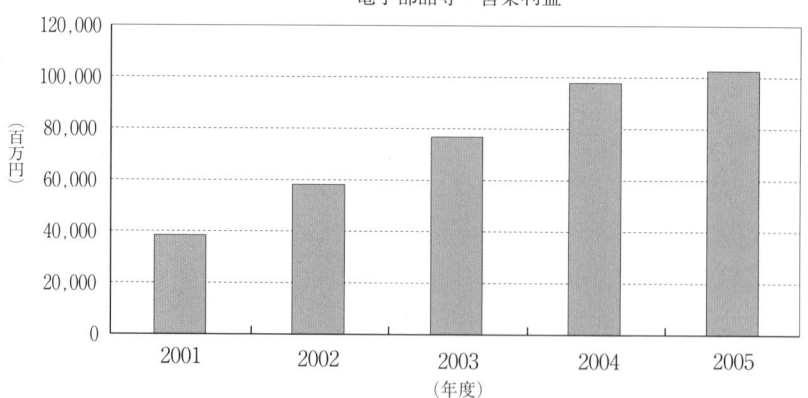

電子部品等・売上高

電子部品等・営業利益

出典：シャープ株式会社ホームページ2007

格について交渉するため，日本に集まることとなる．そして，海外事業単位は見積貸借対照表と見積損益計算書を作成する．次に，各事業部は当該事業部の商品を生産している海外製造会社（複数事業部の商品を生産している）から当該商品の費用および収益項目に関する資料を収集し，事業部の見積損益計算書を作成する．また，事業本部は管理下にある事業部の資料を収集し，見積貸借対照表と見積損益計算書を作成する．

予算管理においては，売上高，営業利益，経費率，在庫量，売掛金残高，旧製品の割合の減少，1人当たり売上高などの達成度（計画対比）および進捗度（前年度比）を中心に業績評価が行われている．特に，売上高および営業利益の達成度と進捗率を重視している．また，2000年度から，事業本部に社内資本金制度を導入し，資本コストを5.5％として，税引後営業利益から投下資本コストを差引いた PCC（Profit after Capital Cost：シャープ版 EVA）による業績評価を行っている．

さらに，シャープは事業戦略の事項や業績評価などを効果的に行うため，BSC（Balanced Scorecard）の考え方を取り入れた独自の戦略的経営管理システムを構築し，本格導入している．これにより，全社戦略をすべての従業員の業務レベルまで具体的に展開することができ，戦略の実行力がいっそう高まる（シャープ株式会社『アニュアル・レポート2004』）こととなる．

これは，従来行っている目標管理に BSC の機能や特徴を加えたシステムであり，シャープでは，BSC-P（BSC Personal System）と呼ばれている．BSC-P は，専用の IT システムを用い，個人の戦略目標の達成状況に合わせてメッセージや警告を出すことで，期中の適正な制度運用を促進している．

このシステムは，通常の BSC と同様に，上位の戦略目標と各個人の目標との連鎖性を明確にする．この連鎖とは，全社・事業本部戦略，部門戦略，個人の戦略目標のつながりである．戦略目標の連鎖により，個人の戦略目標の達成状況を管理することができ，戦略の実行力を高めるのである．

また，成果を示す業績評価を定量的に設定することにより，戦略を実行すべく PDCA サイクルを実施する．戦略目標の実績の変化についてはコンピュー

タ上で確認することができるように IT 化されている（林昌芳，2005）．

さらに，シャープは収益と資金の両面から財務状況を管理している．すなわち，資金ポジションを重視した連結重視経営を実践しているのである．そこで，シャープは，収益性，資金効率の観点から，重点経営指標として自己資本利益率（ROE），フリー・キャッシュ・フローを掲げ，その向上を目指している．フリー・キャッシュ・フローの場合，単年でマイナスになっても，3～5年で必ずプラスになる長期の資金管理を行っている．逆に短期でフリー・キャッシュ・フローがプラスでも，運転資金，在庫資金が必要なため，どれだけ在庫を圧縮するかも重視しなければならない．このような考え方が各事業本部にも根付いている（長田貴仁，2004）．

また，PCC を活用することにより，各事業部門の投資回収を促進している（シャープ株式会社『平成17年度（第112期）決算報告書』，2006）．設備等については，商品は税込利益と設備投資の割合を1対1に，商品よりもお金のかかるデバイスについては，0.5対1になるように基準を設けている．これにより，常に資金に注意を払っているのである（長田貴仁，2004）．

## 2.3 研究開発

シャープは，液晶応用商品や太陽電池に代表される「オンリー・ワン商品・デバイス」の研究開発を重点的に推進している．さらに，デジタル家電や健康・環境関連など，将来の経営を支える事業につながる研究開発テーマにも取り組んでいる．また，開発効率の向上と研究開発リスクの低減を図るため，産官学連携の機会も積極的に応用している（シャープ株式会社，『アニュアル・レポート2006』）．

シャープの研究開発体制は，基礎・応用研究開発を担当する技術本部（基盤技術研究所など3研究所及びエコロジー技術開発センターなど3開発センター），先端ディスプレイの研究開発を行うディスプレイ技術開発本部（表示技術研究所など4研究所），先端電子部品の研究開発を行う電子デバイス開発本部（先端技術開発研究所），専門分野別の研究所（枡川研究所，西澤研究所），

第4章　シャープ株式会社の国際管理会計　117

**図表 4-6　研究開発体制**

(a) 国内研究／技術開発体制（2006年10月1日現在）

| 技術本部傘下 | 基盤技術研究所，新材料技術研究所，バイオセンシングシステム研究所，先端映像技術研究所，先端通信技術研究所，プラットフォーム開発センター | 6部門 |
|---|---|---|
| 生産技術開発推進本部傘下 | 生産技術開発センター，精密技術開発センター，設計システム開発センター，ソフトエンジニアリングセンター，モノづくり革新センター | 5部門 |
| AV・大型液晶事業統轄傘下 | AV・液晶映像技術開発センター | 1部門 |
| 液晶生産技術開発本部傘下 | 液晶生産技術開発センター | 1部門 |
| 情報通信技術開発本部傘下 | 通信商品開発センター，情報商品開発センター | 2部門 |
| 電子デバイス開発本部傘下 | 先端技術開発研究所 | 1部門 |
| ディスプレイ技術開発本部傘下 | 表示技術研究所，デバイス技術研究所，システム技術研究所，モジュール技術研究所 | 4部門 |
| 事業本部傘下 | 電化商品開発センター，プラットフォーム開発センター（通信），ドキュメント商品開発センター，システムソリューション開発センター（ドキュメント），次世代要素技術開発センター（ソーラー），開発センター（AVC液晶） | 6部門 |
| 合　　　計 | | 26部門 |

(b) 海外研究開発拠点（国又は地域）

| 米　国 | シャープ・ラボラトリーズ・オブ・アメリカ・インク<br>(Sharp Laboratories of America, Inc.：SLA) | 1995年7月 |
|---|---|---|
| 英　国 | シャープ・ラボラトリーズ・オブ・ヨーロッパ・リミテッド<br>(Sharp Laboratories of Europe, Ltd.：SLE) | 1990年2月 |
| | シャープ・テレコミュニケーションズ・オブ・ヨーロッパ・リミテッド<br>(Sharp Telecommunications of Europe, Ltd.：STE) | 2001年4月 |
| 台　湾 | 夏晋科技股份有限公司<br>(Sharp Techology (Taiwan) Corporation：STT) | 1992年1月 |
| インド | シャープ・ソフトウェア・デベロップメント・インディア<br>(Sharp Software Development India Pvt. Ltd.：SSDI) | 1999年10月 |

出典：シャープ株式会社ホームページ2007

設計・生産技術開発を担当する生産技術開発推進本部（生産技術開発センターなど3開発センター及びモノづくり革新センター）を中核として，各事業本部に所属する目的別開発センター（AV商品開発センターなど9開発センター），具体的な製品設計を担当する事業部技術部，全社横断的な技術・商品開発を推進するプロジェクト・チームからなるマトリックス構造で構成されている（シャープ株式会社ホームページ「第112期有価証券報告書」，2007）．それに要す技術研究開発費は図表4-7のとおりである．

図表4-7　シャープにおける技術研究開発費と売上高技術研究開発費比率

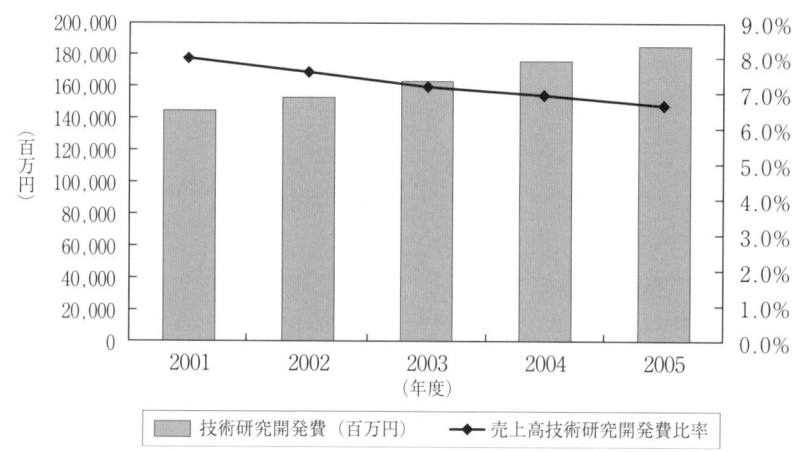

|  | 2001 | 2002 | 2003 | 2004 | 2005 |
| --- | --- | --- | --- | --- | --- |
| 技術研究開発費（百万円） | 144,744 | 152,145 | 162,991 | 175,558 | 185,240 |
| 売上高技術研究開発費比率 | 8.0% | 7.6% | 7.2% | 6.9% | 6.6% |

出典：シャープ株式会社ホームページ2007

また，シャープは海外の優秀な人材の活用と海外現地のインフラやニーズに対応した開発を行う目的で，英国や米国などに研究開発拠点を設け，グローバルな開発体制の下，密接な連携・協力関係を保ち，先進技術の研究開発を効率的に進めている（シャープ株式会社ホームページ「第112期有価証券報告書」，2007）．

このように進められている技術研究開発[2]は，図表4-7で示しているように，多額の費用が費やされている．

この売上高技術研究開発費比率がどのような数値であるのかを見るために，図表4-8の比率と比較することとする．これは，特殊法人，金融・保険業を含まない企業における売上高に対する研究費の比率である．

図表4-8　売上高に対する研究費の比率―製造業―

|  | 2001 | 2002 | 2003 | 2004 | 2005 |
|---|---|---|---|---|---|
| 売上高に対する研究費の比率 | 3.29% | 3.06% | 2.98% | 3.11% | 3.08% |

出典：総務省統計局・統計センター「科学技術研究調査」，2007

これを見ると，シャープの売上高技術研究開発費比率は高い数値を示しており，継続的に研究開発に力を注いでいることが分かる．

また，シャープは独特な研究開発の制度を設けている．これは，緊急プロジェクト・チームと呼ばれ，1977年に初めて組織された．このチームは，あと少しで製品化でき，かつ市場で他社に優位に立つために時間短縮が必要なものに対して，事業部や研究所の組織の壁を越えて最適な人材や技術を集めて編成される（日経情報ストラテジー，2007/3）柔軟な開発組織である．このプロジェクトに招集されたメンバーは，通常業務から離れ，1年から1年半の間，プロジェクトの仕事だけに専念することとなる（日経ビジネス，2004/12/13）．そして，プロジェクト終了後は解散して，各メンバーは元の部署に戻る．

この緊急プロジェクトの具体的な流れは以下のとおりである．まず，テーマがトップ・ダウンとボトム・アップのどちらかで提示される．このテーマは事前にオンリー・ワンの商品や技術であるかどうかという基準で審査される．そして，テーマが決定されると，テーマのリーダー部門が中心となりメンバーの選定を行う．これは，必要であれば全部門から自由に指名することができる．さらに，このプロジェクトの目的に応じた予算が賦課されることとなる．これは，会社からの特別予算の割当となり，事業本部内での研究予算とは比較にな

---

[2] シャープは，研究開発費について技術開発研究費と称している．

らないほど多額である．また，このプロジェクトを運用するあたり，毎月の総合技術会議で進捗状況が確認される（柳原一夫・大久保隆弘，2004）．

　このプロジェクトのリーダーに任命されると，以前は役員と同様に金色の社員章をつけていた．現在は名札になっているが，以前と変わらない権限を有している（柳原一夫・大久保隆弘，2004）．そして，常に，10チーム程度のプロジェクト・チームが活動している．

　技術者はしばしばひとつの技術には精通しているが，専門技術以外のことを何も知らないことが多い．しかし，緊急プロジェクト・チームの経験者は専門分野を深めた上で，さらに幅広い知識やスキルを身につけることができる（片山修，2003/4）．

　このプロジェクトは，全社的な見地より，有望で画期的な開発テーマに対して，多額の予算と全社からの人材を引き抜ける大きな権限を与える仕組みである．このようなシャープのものづくりの強さは「ストック型」と呼ばれ，「フロー型」と対比されている（日経情報ストラテジー，2005/1）．

　ストック型とは，将来のために現在努力を重ね，大切な経営資源を蓄える経営のことである．一方で，フロー型とは短期的な収益を重視し，将来の糧を犠牲にする経営モデルである．シャープでは，ストック型の経営を実践することにより，独特の文化と無形資産が形成されてきた（柳原一夫・大久保隆弘，2004）と考えられる．

　この緊急プロジェクトは，シャープでは定着しており，緊急プロジェクトのような商品開発が事業部レベルでも当然のものとなっている．そして，このプロジェクトの辞令を出さなくても，現場が緊急プロジェクトに準じたチームを臨機応変に組織し，オンリー・ワンの製品を短期間で作り上げる方法を確立している（日経ビジネス，2004/12/13）．

　また，2003年から新しい事業を探し出すために，シャープ・ドリーム・テクノロジー（SDT）という社内提案制度を始めた．緊急プロジェクトは，短期間で収益を上げることを求められるが，SDTは期間も結果も厳しく問われない．技術者は多くのアイデアを持っているが，日々の業務によりそれを提示で

きないことが多い．したがって，この制度を利用することにより，緊急プロジェクトを組んで実施することのできる事業を発見するのである．

また，この SDT を用いることにより，主力事業である液晶以外に取り組んでいる者の動機付けにすることができる．液晶に相当する新しい柱が，生み出されることが期待されているのである（日経情報ストラテジー，2007/3）．

## 2.4 環境管理

シャープは，企業ビジョンとして，2010年度までに「温暖化負荷ゼロ企業」になることを掲げている（シャープ株式会社，『アニュアル・レポート2006』）．したがって，事業部業績貢献度評価制度に，2000年度から環境項目を加え，環境への取り組みを強化している．その中で，2004年度は，環境項目を「グリーン・プロダクト・デバイス売上構成比」と「温暖化防止ファクター向上率」の2項目に絞り込んだ．しかし，工場の環境性能向上への取り組みが充分に評価されなかったため，2005年度より，「環境安全事故防止達成度」と「化学物質リスク削減計画達成度」を加え，4つの環境項目で事業部の業績評価を行っている．今後も，的確な環境項目を設定し，事業部の環境経営度を高め，シャープ・グループ・トータルの目標や企業ビジョンの達成を促進していくこととしている（シャープ株式会社，『環境・社会報告書2006』）．

さらに，シャープでは，環境保全にかかわるコストと効果を定量的に把握し，環境経営の実践に役立てるため，1999年度から環境会計を導入している．これは，環境省の「環境会計ガイドライン2005」に沿った開示方式を採用している．このガイドラインでは，環境保全コストは，環境保全活動に係る諸経費，人件費，投資とこれに伴う減価償却費としている．そして，経済効果としては，実質効果と推定効果を挙げている．まず，実質効果は，省エネの取り組み，水のリサイクル利用などで節約された費用や有価物の売却益など，直接的に金額で把握できる経済効果である．また，推定効果は，直接的に金額で表示できないものを金額換算した経済効果である．この推定効果で金額換算するものは，温室効果ガス排出削減量と節電量となっている（シャープ株式会社，『環境・社

会報告書2006』).

　また，シャープでは，高いレベルの環境配慮性を備えた工場をグリーン・ファクトリーと呼び，独自の評価・認定基準を設定している．現在，国内の全生産事業所は，すでにグリーン・ファクトリーの基準をクリアしている．したがって，2007年度までに，海外を含めた全生産事業所をグリーン・ファクトリーとする予定である（シャープ株式会社，『アニュアル・レポート2005』）．

## §3　国際戦略と国際管理会計

### 3.1　海外事業活動の戦略と経営管理

　2007年において，海外で事業を遂行している子会社，関係会社および駐在事務所は，25カ国・地域に61カ所ある．この詳細は図表4-9のとおりである．

図表4-9　海外事業（2007年1月1日現在）

| | |
|---|---|
| 販売会社 | 22カ国・地域27カ所 |
| 生産拠点 | 14カ国・地域24カ所 |
| 技術開発会社 | 4カ国・地域5カ所 |
| 技術開発・部品供給会社 | 1カ国・地域1カ所 |
| 金融会社 | 1カ国・地域1カ所 |
| 駐在事業所 | 2カ国・地域3カ所 |
| 合　　計 | 25カ国・地域61カ所 |

出典：シャープ株式会社ホームページ2007

　また，近年におけるシャープの海外各地域における売上高の推移は図表4-10のとおりである．

　シャープの組織は，事業部制から発展した製品別グローバル構造（海外製造会社は複数事業部の製品を生産している）である．各海外製造会社は本社の複数事業部の商品を生産し，各製品事業部からの支援を受けている．

　また，販売活動については国際事業部構造（海外販売会社は海外事業本部のもとに統合・管理されている）を採用しており，混合グローバル構造といえる．

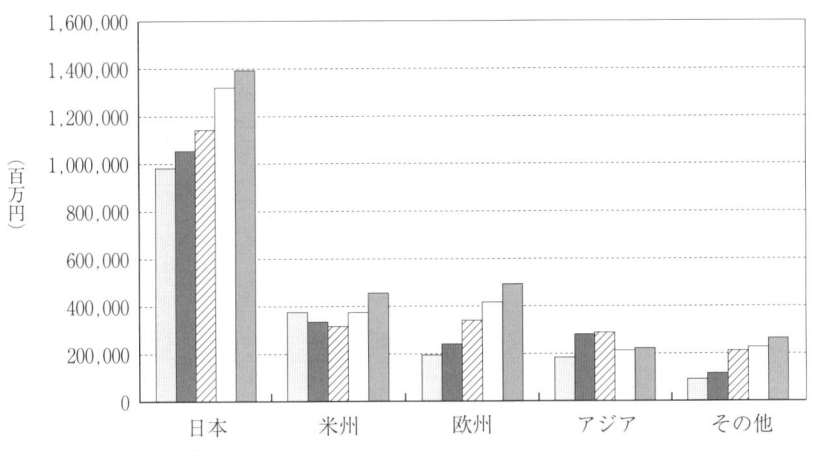

図表 4-10 海外各地域[3]における売上高の推移

出典：シャープ株式会社ホームページ2007

地域本部が存在せず，各地域の海外子会社の支援活動は各地域の代表的な販売会社（北米はシャープ・エレクトロニクス・コーポレーション（ニュージャージー州），欧州はシャープ・エレクトロニクス・ゲー・エム・ベー・ハー（ドイツ・ハンブルク），中国は上海夏晋電器有限公司（上海），そしてアジアはシャープ・ロキシー・エレクトロニクス・コーポレーション・マレーシア（マレーシア・ジョホール））が代行している．

したがって，シャープの海外事業活動の経営管理は，海外事業本部で行われている．海外事業本部は日本にあり，海外事業活動の重要な意思決定が行われているのである．この仕組みは図表 4-11 のとおりである．

海外事業本部は海外販売会社の統括・管理を行うとともに，海外事業拠点の再編，新規海外事業拠点の設置，全社レベルの戦略などを行っている．また，海外製造会社は各事業部の管理下にあるため，複数事業部の支援を受けるとと

---

3) シャープ株式会社．2006．『平成17年度（第112期）決算報告書』：p. 16.
  (1) 米　州　　米国，カナダ
  (2) アジア　　マレーシア，台湾，タイ，シンガポール，インドネシア
  (3) 欧　州　　ドイツ，イギリス，スペイン，フランス，イタリア
  (4) その他　　中国（香港を含む），大洋州，中近東

124 第2部 国際管理会計の実態

図表4-11 シャープの海外事業活動とマネジメント・コントロール

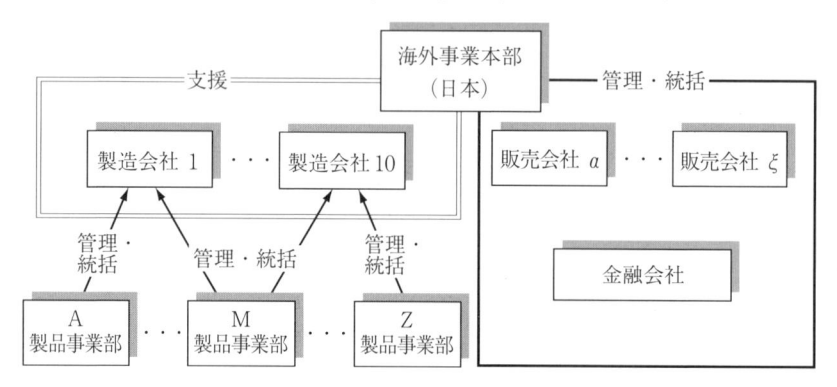

```
                    ┌──────────┐
        ─支援─      │ 海外事業本部 │   ─管理・統括─
                    │  (日本)   │
                    └──────────┘
   ┌─────┐    ┌─────┐      ┌─────┐    ┌─────┐
   │製造会社1 │ ‥ │製造会社10│      │販売会社 a│ ‥ │販売会社 ζ│
   └─────┘    └─────┘      └─────┘    └─────┘
      ↑         ↑    ↑
    管理・     管理・統括  管理・
    統括              統括        ┌─────┐
   ┌───┐   ┌───┐   ┌───┐      │ 金融会社 │
   │ A │‥│ M │‥│ Z │      └─────┘
   │製品│  │製品│  │製品│
   │事業部│ │事業部│ │事業部│
   └───┘   └───┘   └───┘
```

もに，海外事業本部の支援活動を受けているのである．したがって，シャープでは本国志向の経営管理が行われている，といえる．

前述したように，シャープはグローバル市場における競争優位を確立し，将来における安定した成長と世界市場におけるブランド価値の向上を図ることを課題として設定している．その中で，2006年度の重点事業として，液晶テレビについては，グローバルに増加している需要に合わせて，大型液晶テレビの販売を強化することとした．また，生産面では，グローバル・レベルでの最適な生産体制を確立している．現在，日本，中国およびマレーシアで，液晶パネルの実装から液晶テレビの組み立てまでを一貫して行っている．

さらに，市場の拡大が進む欧州においても同じ取り組みを行うため，2007年1月にポーランドで液晶モジュール（半製品）の新工場を稼動させることとした（シャープ株式会社，『アニュアル・レポート2006』）．これにより，スペイン工場や出資しているドイツ Loewe AG 社のドイツ工場で生産する大型液晶テレビ向けに液晶モジュールを欧州内から供給する体制を確立する（日経エレクトロニクス，2006/4/24）．欧州の液晶テレビの組み立て拠点は3カ所となった．

また，北米は今まで輸出中心であったが，この市場をにらんで，メキシコ工場では，2007年7月頃，一貫生産を行う第2工場を新設し，稼動させる予定で

ある．パネルをメキシコに直送して工程を完結させるため，輸送費用を削減できるとともに，受注から生産，納入までの期間の短縮が可能となる．これにより，現地の需要動向に沿った機動的な生産が可能となり，余分な在庫の削減を行うこともできる（日本経済新聞朝刊，2006/8/30）．

以上のように，市場のニーズに対応して，短い納期で商品を供給するために，キー・デバイスである液晶パネルは亀山工場で生産し，世界の5極の消費地に近い工場でモジュール化から液晶テレビまでを生産する体制を構築し（シャープ株式会社，『第113期中間報告書』，2007），液晶テレビを適時に世界の市場に販売することとした．これは，グローバルな垂直統合型の生産体制の構築である（日経マイクロ・デバイス，2006/10）．さらに，開発体制はエリア別とすることとした．

### 3.2　サプライ・チェーン管理

シャープは，全世界の生産・販売・在庫情報を共有する SCM システムの導入を本格化させている．シャープは，早期に SCM に取り組んできた．各拠点で AV 機器や家電などの「商品系」製品を対象に，需要予測のための環境整備を進め，IT 部門の担当者は海外拠点を訪問し，生産数量データの正確な入力を呼びかけた．次に，シャープは世界レベルでの生産，販売，在庫に関する情報の共有に取り組むこととした．世界56拠点における情報を一元管理するグローバル PSI[4] マネジメント・システムを導入し，更なる在庫削減を目指したのである．

この新しいシステムはパッケージを使わず，自社で開発した．グローバル PSI マネジメント・システムは，全世界の販売会社から商品の注文情報や在庫情報を収集する一方で，生産拠点から納期情報などを集める．本社の事業部門は，収集した情報にもとづいて，いつ，どの生産拠点で，どれだけの製品を作ればよいかを決定する．さらに，販売拠点の担当者は，手元のパソコンで

---

4) PSI：Production（生産），Sales（販売），Inventory（在庫）の頭文字（日系コンピュータ，2004/11/15，p.16）．

図表4-12　グローバルPSIマネジメント・システム

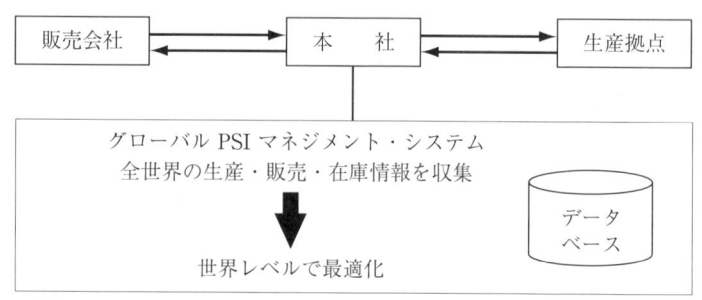

```
販売会社 ←→ 本　社 ←→ 生産拠点
              ↓
   グローバルPSIマネジメント・システム
   全世界の生産・販売・在庫情報を収集
              ↓
        世界レベルで最適化          データベース
```

出典：日経コンピュータ,2004/11/15

　Webブラウザを使ってグローバルPSIマネジメント・システムにアクセスし，製品の納期をすぐに確認できるようになった．このシステムにより，各拠点の業務効率の向上を目指したのである．

　しかし，情報を一元管理するグローバルPSIマネジメント・システムを導入するだけでは，在庫の最適化を実現することはできない．業務プロセスを見直し，より機動的に生産調整ができる体制を整える必要がある．そこで，シャープは需要の予測，販売計画の立案，生産計画の立案，見直しに至る一連の業務サイクルを，世界規模で週次に短縮することとした．

　地域や製品によるさまざまな特殊事情を念頭に置き，2004年7月にタイの生産拠点と全世界の販売拠点を結ぶサプライ・チェーンについて，グローバルPSIマネジメント・システムを導入した．タイの生産拠点では，どの拠点のどの部署が業務に参加しているのかを事前に検討した．その結果，タイでは現状，問題なく週次サイクルへの移行が進み，ほとんどの業務を週次に切り替えることができた．シャープは欧州地域への導入も行うべく，業務プロセスの設計を行った．

　シャープは，世界56拠点へのグローバルPSIマネジメント・システムの展開を試行錯誤しながら進めてきた．これを達成するためには，販売会社や生産拠点に，サプライ・チェーンの全体最適という考え方を理解してもらう必要がある．そこで，生産拠点に対しては「週次に業務サイクルを変更することで販

売拠点との連携が強まる．生産量が拡大し，結果として生産拠点としての成績が上がる」とメリットを強調している（日経コンピュータ，2004/11/15）．

### 3.3 国際管理会計

　前述したとおり，シャープの組織は，事業部制から発展した製品別グローバル構造である．各海外製造会社は本社の複数事業部の商品を生産し，各製品事業部からの支援を受けているため，各海外製造会社の自己製品に関するデータは，それぞれの製品を支援する事業部に提供される．したがって，各事業部は海外製造会社の自己製品に関するデータを収集して予算を編成することとなる．

　また，シャープにおける海外事業単位間の振替取引はすべて，日本にあるシャープ・トレーディング(株)を経由して行われている．また，為替リスク管理および資金調達などの財務管理業務は，本社の財務管理スタッフがこれを集中的に行っている．その方法は，債権債務の為替予約，マリー（輸入などによる外貨支払いと輸出などによる外貨受取の見合いを図る方法），そしてネッティング（複数の企業間で発生する決済情報を特定機関に集中し，債権債務を相殺する方法）である．

　ただし，この業務は各地域でも行われており，その代表として，英国のシャープ・インターナショナル・ファイナンス（U.K.）ピー・エル・シーがある．シャープ・インターナショナル・ファイナンス（U.K.）ピー・エル・シーは海外金融会社であり，欧州地域の財務管理業務を行っている．すなわち，長期・短期の資金調達と運用，為替リスク管理，子会社間での資金融通および代金の決済を行っている．

　次に，為替レート変動への対応であるが，シャープにおける海外事業単位の予算編成で使われている為替レートは計画レートである．この計画レートは経理本部に設置されている為替運営委員会により設定される．また，実績の跡づけに使われる為替レートには，社内レートが設定されている．この社内レートは3カ月間使われ，4カ月前に設定される．例えば，7月から9月に使われる社内レートは3月末に，10月から12月に使われる社内レートは6月末に設定さ

れる.

　予算編成および実績の跡づけの両方で，為替運営委員会により設定された計画レートおよび社内レートが使われていることは，予想レートが為替運営委員会により保証されていることを意味する．ここに，事業単位管理者は社内レートのもとでの実績に対して責任を課せられていることとなる．すなわち，シャープの事業部管理者は為替レート変動に対して，責任を課せられていない．

　したがって，為替リスクの管理は企業全体の立場から企業本社の経理本部で行われる．経理本部は事業単位管理者が将来の収入および支出を社内レートで取引できるようにあたかも企業内部の銀行のように行動することとなる．ここに，事業単位管理者は社内レートのもとでの目標を達成するべく意思決定すればよく，与えられた目標を達成することが企業全体としての目標を達成することとなり，すなわち目標整合性という要件を満たすこととなるのである．

　そして，海外事業単位の業績評価は現地通貨による予算と現地通貨による実績の比較により行われる．また，事業部の業績評価においては，海外事業単位の円換算額が含まれるので，その実績が社内レートにより換算されることとなる．これにより，事業部管理者が為替レート変動に対して責任を課せられていないことは明らかである．

## 参 考 文 献

長田貴仁．2004．『シャープの謎―勝ち続ける日本力！―』株式会社プレジデント社．
片山修．2003/12．「白物家電も成長商品に蘇る―液晶技術のトップ企業が語るキーデバイスへの執念―」Voice：202-211．
小菅正伸・朝倉洋子・大原愛子．2003/2．「資料エレクトロニクス産業における日本企業の国際管理会計実務―シャープ株式会社―」商学論究（関西学院大学商学研究会）：135-163．
シャープ株式会社．『アニュアル・レポート2004』．
シャープ株式会社．『アニュアル・レポート2005』．
シャープ株式会社．『アニュアル・レポート2006』．
シャープ株式会社．『平成17年度（第112期）決算報告書』．
シャープ株式会社．『シャープ　環境・社会報告書2006』．

シャープ株式会社.『第113期中間報告書』.
シャープ株式会社ホームページ「事業の内容」
  (http://www.sharp.co.jp/corporate/info/outline/business/index.html), 2007年2月.
シャープ株式会社ホームページ「組織図」
  (http://www.sharp.co.jp/corporate/info/outline/organization/index.html), 2007年2月.
シャープ株式会社ホームページ「海外事業」
  (http://www.sharp.co.jp/corporate/info/outline/g_organization/index.html), 2007年2月.
シャープ株式会社ホームページ「研究／技術開発体制」
  (http://www.sharp.co.jp/corporate/info/outline/r_d/index.html), 2007年2月.
シャープ株式会社ホームページ「海外研究開発拠点（国又は地域）」
  (http://www.sharp.co.jp/corporate/info/outline/g_r_d/index.html), 2007年2月.
シャープ株式会社ホームページ「セグメント情報」
  (http://www.sharp.co.jp/corporate/ir/transition/pdf/05all.pdf), 2007年2月.
シャープ株式会社ホームページ「技術研究開発費」
  (http://www.sharp.co.jp/corporate/ir/transition/pdf/05all.pdf), 2007年2月.
シャープ株式会社ホームページ「地域別海外売上高」
  (http://www.sharp.co.jp/corporate/ir/transition/pdf/05all.pdf), 2007年2月.
シャープ株式会社ホームページ「第112期有価証券報告書（平成17年4月1日～平成18年3月31日）」
  (http://www.sharp.co.jp/corporate/ir/other/112_yuho/yh1201.html), 2007年2月.
シャープ株式会社ホームページ「2006年3月期（平成17年度）決算情報「経営方針」」
  (http://www.sharp.co.jp/corporate/ir/report/report_old/h17_kessan/pdf/17-02.pdf), 2007年2月.
シャープ株式会社ホームページ「2006年　年頭記者会見」
  (http://www.sharp.co.jp/corporate/ir/briefing/index.html), 2007年2月.
総務省統計局・統計センター「科学技術研究調査」
  (http://www.stat.go.jp/data/kagaku/2006/index.htm), 2007年2月.
舘澤貢次. 2003.『シャープの「オンリー・ワン経営」』オーエス出版株式会社.
田中直樹. 2006/10.「液晶テレビを世界へ，「コスト競争力で勝つ」」日経マイクロ・デバイス：28-29.
寺山正一. 2005/7/18.「世界一流ブランドへの思い」日経ビジネス：122-125.

日経エレクトロニクス．2006/4/24．「シャープ，ポーランドに液晶モジュール工場建設へ」: 42-43.

日経コンピュータ．2004/11/15．「シャープの SCM 導入が最終段階へ　世界56拠点の生産・販売・在庫情報を共有」: 16-17.

日経情報ストラテジー．2005/1．「シャープの「ストック型」経営」: 245.

日経ビジネス．2004/12/13．「ヒットを生み続ける企業2　シャープ　一点突破の集中力」: 35-37.

日経マイクロ・デバイス．2005/12．「シャープ　開発と生産の強みを融合，垂直統合力で勝負」: 148.

日本経済新聞朝刊．2006/8/30．「メキシコに液晶 TV 拠点，シャープ，北米供給迅速に．」

西雄大．2007/3．「30年間続く CFT の対象を拡大　資源リサイクル体制構築に貢献―経営管理を徹底する！プロジェクト・マネジメント　シャープ―」日経情報ストラテジー: 146-149.

林昌芳．2005．「バランスト・スコアカードの組織戦略目標を連鎖しながら個人の目標に落とし込み戦略実行を実現する」2005年度日本管理会計学会発表．

柳原一夫・大久保隆弘．2004．『シャープの「ストック型」経営』ダイヤモンド社．

（付記）この論文は，2002年8月9日，シャープ株式会社の本社（大阪市阿倍野区）において，5時間にわたって行ったインタビューにもとづいている．シャープからは，経理本部長大西徹夫氏，河辺喜代一氏，小丸千秋氏，榊原聡氏，坂本匡氏，小林昭司氏，西尾裕次郎氏，そして森田学氏の参加を得た．委員会からはインタビュアーとして18名が参加した．インタビュー調査の目的は「シャープにおける国際管理会計の現状を把握すること」であった．主な質問項目は，① 一般事項，② 財務諸表の作成，③ 業績評価基準，④ 財務業績評価基準の測定基礎，⑤海外事業体の業績評価を複雑化する環境問題，⑥ 戦略策定，⑦ 知的資産，である．

# 第5章　三洋電機株式会社の国際管理会計

大阪商業大学　坂　手　啓　介
公認会計士　富　田　真　史

## §1　三洋電機株式会社の概要[1]

### 1.1　三洋電機株式会社の設立と経営方針

　三洋電機株式会社（以下，三洋電機）の前進は，松下電器産業の創業者である松下幸之助氏の妹婿であり，また幸之助氏の妻の弟でもあった淡路島出身の井植歳男氏が1947年大阪府守口市にわずか10人余りで創業した三洋電機製作所である．「小さくてもよいからほんとうに魂のこもった仕事をし，他の追随できないような優れたものをつくろう．それでこそ，自分も従業員も幸せになれ，世間のお役にたつこともできる」と考えて事業を始めたといわれる．

　創業者である井植歳男氏は，戦前，松下電器産業で義兄である松下幸之助氏の片腕として活躍していた．しかし，松下電器産業が戦時中に軍需品を製造していた関係から，占領軍の総司令部（GHQ）の公布した，財閥や軍需会社の幹部に対する公職追放指定を受け，経営者のうち一人を残して幹部全員が追放されるという事態になり，やむをえず松下電器産業を退職した後に，電気部品の製作所として創業したのが三洋電機製作所である．

　三洋電機の社名である「三洋」とは，太平洋，大西洋，インド洋，この三つ

---

1)　本節の内容は，三洋電機ホームページ〈http://www.sanyo.co.jp/〉内の社史等を参照した．

の海につながる国々，いわゆる全世界を表し，世界を相手に人間・技術・サービスを三本の柱として進んで行こうとするもので，事業対象と事業方針を規定したものと紹介されている．また，この「三洋」という言葉には，創業の時から世界を相手に仕事をすることを目指した創業者の思いがこめられている．

　三洋電機では，「世界に誇りうる精度の高い仕事」を社是としており，「私たちは世界の人々になくてはならない存在でありたい」との経営理念の下で，「独創的な技術を開発するとともに優れた商品とまごころのこもったサービスを提供し，世界の人々から愛され信頼される企業集団となること」がグループの目標とされている．長期ビジョンとして，会社のあるべき姿を ① 国際的な経営基盤をもった高収益の優良企業，② 先進技術を持つ一流のエレクトロニクス・メーカー，③ 社会への貢献を重視する企業，④ 優れたマーケティングにより顧客に信頼される企業，⑤ 一人一人の従業員が活力を持った積極経営の企業としている．

　また三洋電機では，1998年6月に「1998環境保全活動報告書」を発行して以来，毎年，グループの環境保全活動を報告している．特に2002年に完成した岐阜事業所の「ソーラー・アーク」をクリーン・エネルギーの象徴として，全従業員の環境意識の向上を図るとともに，顧客や社会との良好なコミュニケーションを目指した積極的な情報開示と，世界に向けた環境メッセージの積極的な発信についても取り組んでいる．

　三洋電機の主たる事業内容は，会社の開示するセグメント計算書の区分によると，デジタル・カメラなどをはじめとするAV機器や携帯電話などの情報通信機器・家電製品などを扱うコンシューマ部門，業務用電化機器（冷蔵庫など）や産業機器を扱うコマーシャル部門，電子デバイスや各種電池を扱うコンポーネント部門，およびクレジット・物流，保守，情報サービスなどを含むその他部門の四つに分けられる．従前はAV，情報通信機器，電化機器，産業機器，電子デバイス，電池およびその他の6部門に分けられていたが，事業の社内管理体制とディスクロージャーの整合性をより一層高め，開示情報に対する説明責任をさらに強化するため，2005年3月期より製品の種類・性質，販売市

場等の類似性に基づいてセグメンテーションされた現在の四つの区分に変更された．この変更により，三洋電機が2003年より導入している「企業グループ制」によるグループの区分とおおむね一致するようになった．なお，各セグメントの主要な事業領域については後述の図表5-6に詳しい．

### 1.2　三洋電機の海外取引展開の歴史

　三洋電機では創業者の「世界の人々になくてはならない存在でありたい」という思いもあり，世界の市場を相手に事業展開を始めるのは会社の歴史から見ると比較的早い段階にある．

　1947年の創業後しばらくしてから，自転車用の発電ランプを開発，製造，販売したところ，これが軌道に乗るとともに市場で高く評価され，1949年にはGHQから輸出用に5,000個の納入指令が下り，海外との取引が開始されている．その後，東南アジア諸国を中心に輸出は伸び，1950年には資金調達等の目的から株式会社化され，現在の三洋電機株式会社が設立されることとなった．また1954年には更なる資金調達のため，大阪・東京の両証券取引所への上場を果たしている．三洋電機では株式会社に改組されたころから，ラジオや洗濯機などのいわゆる「家電製品」の製造，販売を積極的に手がけており，特に1950年代の洗濯機販売に関する成功は，三洋電機が総合家電メーカーとして成長する第一歩であったと評価される．業績については，激しい労働争議などで大きな損害を受けながらも，1959年5月期の決算（当時は6カ月決算であった）では売上高140億円，従業員約8,000人の企業にまで成長した．

　この間，海外との取引は順調に増加し，中近東，中南米へと市場を拡大し，1956年には貿易取引を担当する海外課が貿易部に格上げされている．また1958年にはアメリカのチャネル・マスター社と業務提携を行い，トランジスタ・ラジオの Original Equipment Manufacturer（OEM）生産を開始した．

　その後1960年代に入ると，国内の生産拠点を群馬，淡路島，岐阜，鳥取と順次拡大していくこととなった．そのような中で，海外での日本製品の輸入に関する規制も高まっていたことから，1960年に三洋電機は香港へ初の海外製造子

会社である三洋電機（香港）有限公司を設立する．また同年には，後に三洋セールス・アンド・マーケティング株式会社に改組される三洋電機貿易株式会社も設立され，本格的な海外展開が開始されることになった．

## 1.3　三洋電機の躍進と世界を舞台にした経済活動の歴史

　三洋電機の本格的な海外進出の歴史は1960年代から始まるといっても過言ではない．1960年に香港へ製造子会社を設立したのを皮切りに，三洋電機は1961年には米国販売会社のサンヨー・エレクトリック・インクを設立し，翌年の1962年にもマレーシアへ海外販売子会社を設立するなど，積極的な海外展開を始める．特に製造子会社については，数年間で立て続けに台湾，ガーナ，スペイン，シンガポール，マレーシアなどの国々へ進出を果たしていった．その後もタイ，イギリス，韓国などにも子会社の設立を進め，わずか10年の間に約10社の海外子会社が設立されている．この時期に設立された会社の多くは，現在も海外の主要拠点として重要な役割を担っている．

　70年代に入ると海外生産拠点の拡充は加速していく．1970年の三洋工業（インドネシア）を皮切りに，ベトナム，フィリピン，ケニア，オーストラリア，ドイツなど，これまで進出していなかった地域はもちろん，すでに拠点を設けていた香港，シンガポール，台湾，韓国などの地域にも積極的に新たな製造子会社や販売子会社を設立し，業容を拡大していった．この時期は特に半導体など，現在の三洋電機の中核事業とも呼べる事業が大きく成長した時期でもあり，半導体や電子部品関連の製造子会社設立が多く見られる．

　また，三洋電機はこの頃から海外での資金調達についても積極的に展開するようになった．1969年10月には欧州市場でキュラソー預託証券（Curacao Depositary Receipts：CDR）[2]を初めて発行し，1975年には初の外国債を欧州，

---

[2]　オランダ領キュラソーで発行される預託証券．海外で外国株の流通を促進するため考案された取引で，信託会社へ株式を信託し，信託会社がこれを証券化，販売することで流通を図る．三洋電機ではこの発行をきっかけに米国式連結財務諸表の作成・開示を行っている．

アラブ地域で2,000万USドル発行している．さらに1977年には米国店頭株式市場（National Association of Securities Dealers Automated Quotations：NASDAQ，ナスダック）に米国預託証券（American Depositary Receipts：ADR）をアンスポンサードとして上場しており，その後の海外市場への上場につながっていくものと考えられる．

1980年代にはこれらの動きが更に加速する．「世界に100の拠点を目指す」という方針のもと，アルゼンチン，インド，イギリス，メキシコ，カナダ，中国，ドイツなど，世界のさまざまな地域・国へ次々と拠点設置を進め，10年間で販売・製造子会社合わせて，およそ30社の子会社が海外に設立された．

この頃から，地域の販売子会社を合併させるなどのグループ再編や，北米の地域統括機能を持つ子会社，サンヨー・ノース・アメリカ・コーポレーションが設立されるなど，単に生産や販売のための拠点を海外に設置するのではなく，海外における子会社の管理や資産効率化といったグループ経営についても目を向けた形での海外進出が徐々に図られるようになったといえる．

一方，資金調達の状況としては，1981年6月にスイス市場で三洋電機株式の上場を果たすと，1985年11月にはパリ証券取引所にも上場を果たした．最終的にこの頃の三洋電機は，米国店頭株式市場への上場に加え，スイス，パリ，アムステルダム，フランクフルトの各市場での上場も果たすなどし，国際的な資金調達を可能としていた[3]．

1990年代に入ると，三洋電機の海外進出も中国への進出が積極化する．1992年，大連に大型吸収式冷凍機の製造子会社である大連三洋制冷有限公司を設立したのをはじめ，大連を中心に瀋陽，深圳，蘇州などに次々と拠点を設立し，この1990年代だけで三洋電機は15社以上の製造子会社を中国に展開している．また三洋電機では，単に製造子会社や販売子会社を増やしていくだけでな

---

3) 2006年3月31日付けでアムステルダム，5月31日付でスイス，6月9日付で，さらに6月28日付でパリ証券取引所とそれぞれ上場廃止の手続きが行われ，同年11月28日には米国ナスダックでも上場廃止手続きが行われ，現在は日本国内（東京証券取引所および大阪証券取引所）のみで上場となっている．

く，1995年には北京に中国地域の統括会社である三洋電機（中国）有限公司を，1996年にはAV事業の統括会社として広東華強三洋集団有限公司を設立することで，同時に管理体制も敷いていった．

その一方で他の海外地域への進出も継続的に行われ，ポルトガル，イタリア，オランダなどの欧米諸国はもとより，インドネシア，メキシコ，南アフリカなど，特に地域に限定されない形で積極的に事業展開が行われていった．

また1980年代後半ごろから，三洋電機では半導体や電池を中心とした分野で，フォード，GE，IBM，コダックなど海外の有名企業との国際的な業務提携も積極的に展開されるようになった．さらに2000年以降になると，その業務提携の対象は広がり，拡大する中国市場を視野に入れ，中国の家電大手であるハイアール（海爾）集団との家電製品販売や製造協力などの包括提携を2002年1月に結んでいる．また同年，韓国のサムスン綜合技術院と基礎技術分野を中心に技術協力を行う契約を結ぶなど，競合他社との積極的な提携も展開されている．

### 1.4 現在の三洋電機

これまで見てきたとおり様々な形での事業展開を進めた結果，2006年3月末現在のグループは，連結子会社236社，持分法適用会社73社（国内子会社102社，国内関連会社43社，海外子会社134社，海外関連会社30社）の合計309社から形成される．2006年3月末現在の資本金は322,242百万円であり，グループ全体の従業員数は連結ベースで106,389名の大企業集団となった．

図表5-1および図表5-2に示したとおり，2004年3月期には連結ベースで売上高，利益ともピークを迎えている．2005年3月期にみられる大幅な収益性の悪化は，2004年10月の新潟県中越地震で半導体製造の前工程を行う連結子会社である新潟三洋電子株式会社（現，三洋半導体製造株式会社）が被災するなどしたためで，その結果，1,715億円の連結純損失を計上している．一方でこの業績が低迷した期間に従業員数が増加しているのは，三洋電機が連結対象範囲を広げ，その連結子会社数を増やしたことに起因すると考えられる．

なお，三洋電機では2003年4月1日に「企業グループ制」，「ビジネス・ユ

第5章　三洋電機株式会社の国際管理会計　137

図表5-1　売上高の推移

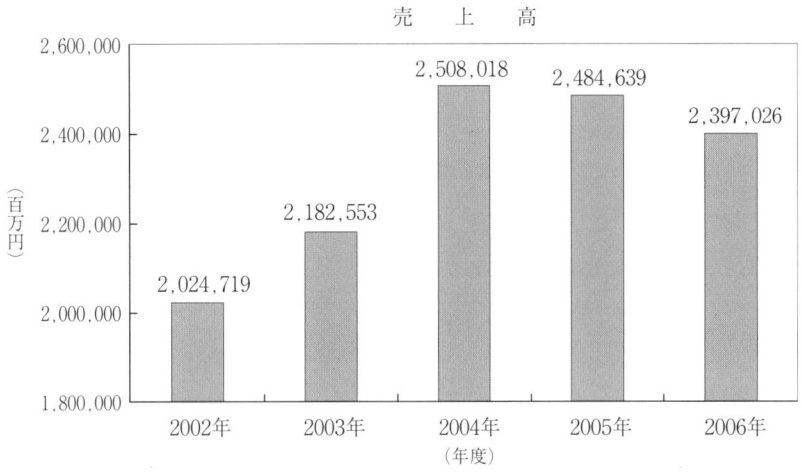

売　上　高

(百万円)

- 2002年: 2,024,719
- 2003年: 2,182,553
- 2004年: 2,508,018
- 2005年: 2,484,639
- 2006年: 2,397,026

(年度)

出典：三洋電機アニュアル・リポート2006をもとに作成

図表5-2　営業（損失）利益の推移

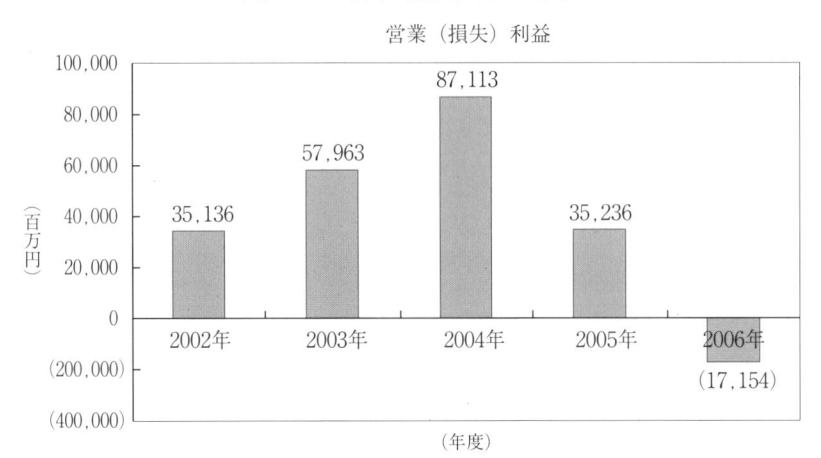

営業（損失）利益

(百万円)

- 2002年: 35,136
- 2003年: 57,963
- 2004年: 87,113
- 2005年: 35,236
- 2006年: (17,154)

(年度)

出典：三洋電機アニュアル・リポート2006をもとに作成

138　第2部　国際管理会計の実態

図表5-3　三洋電機の株主資本額の推移

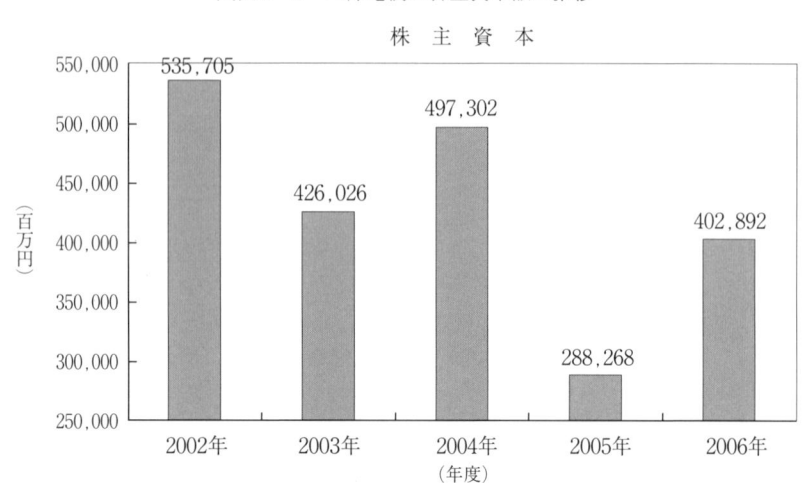

株　主　資　本

(百万円)

- 2002年：535,705
- 2003年：426,026
- 2004年（年度）：497,302
- 2005年：288,268
- 2006年：402,892

出典：三洋電機アニュアル・リポート2006をもとに作成

図表5-4　従業員数の推移

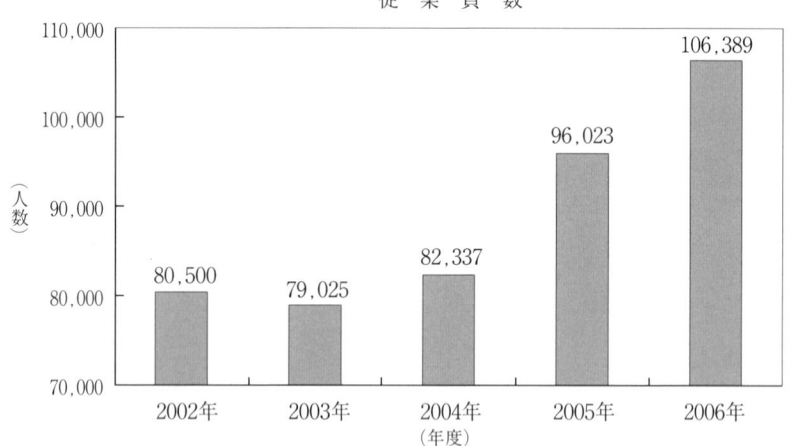

従　業　員　数

(人数)

- 2002年：80,500
- 2003年：79,025
- 2004年（年度）：82,337
- 2005年：96,023
- 2006年：106,389

出典：三洋電機アニュアル・リポート2006をもとに作成[4]

---

4)　図表5-1から5-4の数値は米国会計基準に基づくリステートを反映している．

ニット制」を軸とする抜本的な経営組織と制度の改革が実施された．また2005年3月期に計上した巨額損失を受け，この危機を乗り越えるべく，2005年7月にジャーナリストの野中ともよ氏を会長兼最高経営責任者（CEO）に迎えるなど経営陣を刷新するとともに，新ビジョン「Think GAIA」を掲げ，「SANYO EVOLUTION PROJECT」をスタートさせた．その中で，「価値ある成長に向けた事業ポートフォリオの変革」，「企業文化，企業組織，経営プロセスの変革」，「財務体質の健全化」を図ることが決定され，更なる改革が推し進められていると言えよう．

## §2 戦略と組織構造

### 2.1 チャレンジ21計画と組織再編

　三洋電機では中期経営計画をローリング方式によって作成しており，2005年11月に策定された2006年度～2008年度の中期経営計画が最新となっている．本節では，新ビジョン「Think GAIA」およびその具体的な計画である「SANYO EVOLUTION PROJECT」における最新の中期経営計画までの推移について述べるが，特にインタビュー時（2004年）における情報に基づいて，2004年度時点における三洋電機の戦略と組織構造について詳細に説明したい．

　2001年3月26日に公表された，2001年度から2003年度までを期間とした中期経営計画については，「21世紀に向けて」という区切りのよさから，特に「チャレンジ21」と呼んで実行に移されてきた．ローリング方式で毎年見直しが図られるため，当然のことながら対象期間中にも毎年見直しが行われていたわけであるが，少なくともこの「チャレンジ21」では，次の3点が主たる目標として掲げられた．

① カンパニー制を強化する
② 個別経営から連結グループ経営への重点移行
③ 本社機能のスリム化

すなわち，カンパニー制のもとで本社部門のコントロールを強化するととも

に，連結経営を意識したグループ経営が意図されていたものである．

また，その目標達成のため，「事業および経営資源の選択と集中を加速させ，収益と企業価値の最大化を目指し，マーケット No.1 へ果敢に挑戦することが必要である」と同社のホームページでも述べられていた．

上記目標を達成するために同社内で取られた具体的なアクションとしては，三洋電機本社の間接部門についてスリム化を図った点が挙げられる．すなわち，人事，総務に関する業務については新規に子会社を設立し移管している．また，施設関連の管理業務等もファシリティー・サービスとして別会社化するなど本社部門のスリム化を図る一方でグループ全体に対するコントロール強化に効果を持たせた組織再編が実施されたといえよう．また，成長分野である携帯電話部門については事業部から社内カンパニーへの格上げが行われるなど，競争力を高めるための選択と集中が実施されたといえる．

このチャレンジ21計画は先述したとおり2003年度までの経営計画であったが，以下に示す図表のとおり，計画を達成することはできなかった．なお，セグメント別の実績でも計画を達成できたのは AV，情報通信機器のみであった．

図表5-5 チャレンジ21計画における目標と実績

|  | 目　標 | 実　績 |
|---|---|---|
| 営業利益 | 1,650億円 | 955億円 |
| 純利益 | 730億円 | 134億円 |
| ROE | 9.3% | 2.7% |

## 2.2 企業グループ制

三洋電機は1999年4月にカンパニー制を導入したが，グローバルな環境変化が加速される中，カンパニー制の趣旨を継続しながらも，グループ全体のすべての事業組織を見直すべく，2003年4月から事業領域を，カンパニー，子会社等含めて，顧客の属性に合わせる形で以下に示す4つの企業グループへ再編した．

① コンシューマ企業グループ

一般消費者を顧客とした商品事業
② コマーシャル企業グループ
事業者を顧客とした業務用機器，システム事業
③ コンポーネント企業グループ
メーカーを顧客とした部品事業
④ サービス企業グループ
マニュファクチャリング事業で蓄積したリソースを活かしながら収益源泉の拡大を目指す流通，金融，サービス事業

また，これに加えて2004年4月からは「インターナショナル企業グループ」として，海外の地域統轄本部および三洋セールス・アンド・マーケティング株式会社[5]の統括を行っている．このグループでは世界を14の地域に区分し，それぞれの地域戦略に関する検討が行われている．

これまで三洋電機では製品別グループがそれぞれ独自の商品戦略を展開する形をとっており，海外展開については各海外統括会社が行っていた．インターナショナル企業グループが作られたことで，これまで製品別のグループ下にあった製造拠点を，新たに販売地域によってもグルーピングできるようになり，マトリックス組織の形態が取られるようになっている．

さらに，各企業グループは，傘下に自主独立，コア・コンピタンスを追及する商品事業ごとの「カンパニー」および内外の「独立会社」を配置するとともに，「戦略本部」および「営業本部」を設置している．それにともない，小さな本社を志向すべく，本社機能の改革も行い，現行本社機能を会長（CEO）の下には監査ユニットや戦略ユニットなどをはじめとする5ユニットからなる「戦略本社部門」を，社長（COO，CMO，CFO[6]）の下には経理ユニットや経営管理ユニット，法務コンプライアンス・ユニットなどをはじめとする11ユ

---

5) 三洋電機グループの貿易部門的な役割を担う会社であり，日本からの輸出だけでなく，海外工場からの輸入や，海外間の取引について仲介を行っていた．また，2006年4月1日付けで三洋電機と合併している．
6) COO（最高執行責任者），CMO（最高営業責任者），CFO（最高財務責任者）．

図表 5-6　事業の内容図

| 事業の種類別セグメント | 主　要　製　品 |
|---|---|
| コンシューマ部門 | カラー・テレビ，プラズマ・テレビ，液晶テレビ，ビデオ・テープ・レコーダー，DVDプレーヤー，ビデオ・カメラ，デジタル・カメラ，液晶プロジェクター，デジタル・ボイス・レコーダー，カー・ステレオ，コンパクト・ディスク，ファクシミリ，コードレス電話機，携帯電話機，ＰＨＳ電話機，PHS基地局，ナビゲーション・システム，液晶ディスプレイ，DVD-ROMドライブ，冷蔵庫，フリーザー，洗濯機，衣類乾燥機，電子レンジ，エアコン，掃除機，扇風機，椅子式マッサージャー，食器洗い乾燥機，電磁調理器，トースター，ジャー炊飯器，システム・キッチン，電気暖房機，空気清浄機，除湿機，電動ハイブリッド自転車，自転車用電装品，ポンプ，医用減菌器，医用保冷庫，超低温フリーザー，錠剤包装機，シェーバーなどの電池応用商品 |
| コマーシャル部門 | 冷凍・冷蔵・冷水ショーケース，スーパー・ショーケース，業務用冷凍冷蔵庫，プレハブ冷凍冷蔵庫，製氷機，パッケージ型エアコン，ガス・エンジン・ヒート・ポンプ・エアコン，吸収式冷温水機，メディカル・コンピューター，ディスペンサー，ゴルフ・カート・システム |
| コンポーネント部門 | MOS-LSI，BIP-LSI，厚膜IC，液晶パネル，トランジスター，ダイオード，CCD，LED，半導体レーザー，光ピックアップ，有機半導体コンデンサー，その他電子部品，リチウム・イオン電池，ニカド電池，ニッケル水素電池，リチウム電池，アルカリ・マンガン乾電池，太陽電池，ハイブリッド自動車用二次電池，冷凍・冷蔵・空調用コンプレッサー |
| そ　の　他 | クレジット，物流，保守，情報サービス，住宅関連 |

出典：三洋電機平成18年度有価証券報告書をもとに作成

ニットからなる「スタッフ部門」を配置している．また本社の直属として，技術開発，営業開発などが設置された．なお，これらの詳細については，図表5－10に記載されている．

　また，三洋電機では，グループ全組織を「ビジネス・ユニット」という単位に細分化している．また，従来はばらばらであった個々の間接業務は集約され，それ自体がビジネス・ユニットとして運営されている[7]．

---

7) 2003年3月時点でのビジネス・ユニットの予定数は280である．

第5章 三洋電機株式会社の国際管理会計　143

図表5-7　ビジネス・ユニットの概念

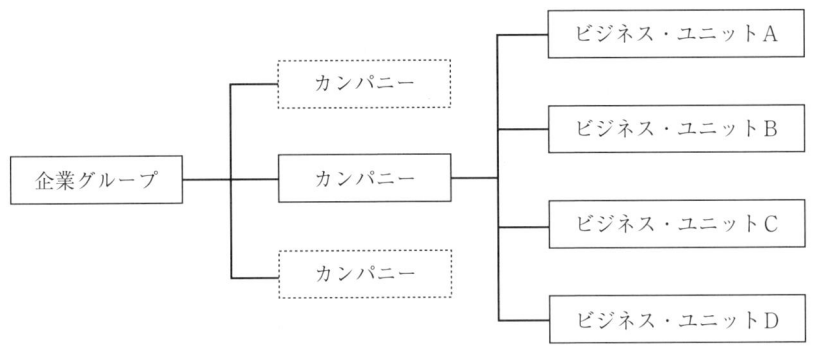

```
企業グループ ─┬── カンパニー
             │
             ├── カンパニー ─┬── ビジネス・ユニットA
             │              ├── ビジネス・ユニットB
             │              ├── ビジネス・ユニットC
             │              └── ビジネス・ユニットD
             └── カンパニー
```

出典：三洋電機ホームページ2004をもとに作成

図表5-8　ビジネス・ユニット数の変遷

| 年　度 | ビジネス・ユニット数 | カンパニー数 |
|---|---|---|
| 2003年度 | 271 | 25 |
| 2004年度 | 451 | 29 |

図表5-9　ビジネス・ユニット制細分化の狙い

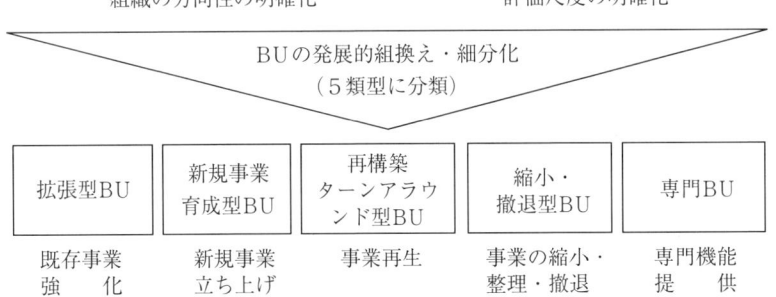

ミッションの明確化　　　　　　目標設定の明確化
組織の方向性の明確化　　　　　評価尺度の明確化

BUの発展的組換え・細分化
（5類型に分類）

| 拡張型BU | 新規事業育成型BU | 再構築ターンアラウンド型BU | 縮小・撤退型BU | 専門BU |
|---|---|---|---|---|
| 既存事業強化 | 新規事業立ち上げ | 事業再生 | 事業の縮小・整理・撤退 | 専門機能提供 |

出典：星野高, 2005, p.65

ビジネス・ユニットは基本的に商品別の分類が行われているが，大きな設備で複数の製品を製造しているような事業所等は，無理に製品別の分類を行わず機能別の分類が行われている．また本社部門をはじめとした間接業務についても一部ビジネス・ユニット化されている．なお，間接部門についてはプロフィット・センターとしての認識はなされておらず，現在のところはコスト・センターとしての機能しか有していない．長期的にはこれらのカンパニー，ビジネス・ユニットをプロフィット・センター化していく構想のようである．

図表5-6にあるとおり，各カンパニーは複数の製品を展開しており，従前のカンパニー制のもとでは赤字製品と黒字製品がカンパニー内で相殺されてしまい正確な収益性の把握が困難になっていた．つまり，ビジネス・ユニット制が生まれたのは，カンパニー制や事業本部制ではコーポレートの経営トップに事業部門の情報，特に悪い情報が伝わりにくいという状況を打開するためであった（星野高，2005）．

なお，ビジネス・ユニットは2004年4月に当初の271から451へと細分化された．細分化の理由は，ビジネス・ユニット体制導入の趣旨を一層徹底し，ビジネス・ユニットの自立，増殖による全体の成長を促進すること，さらには，評価やビジネス・ユニットの性格付けを明確にするためであった．2003年には二つの類型しかなかったが，各事業の状況には大きな差があるという理由から，ビジネス・ユニットは五つの類型にまで増やされた（星野高，2005）．

今後，ビジネス・ユニットの数をどのようにしていくかに関して，明確な方針は特に存在しないようであるが，組織を細分化した当初の目的や，資源の選択と集中を進めるという戦略目標から考えて，市場の状況を勘案しながら弾力的に増減を繰り返していくものと推察される．

しかし，一方でこのビジネス・ユニットおよび企業グループについては，図表5-10および図表5-11を見ればわかるように，従前のカンパニーについて細分化することが可能になったものの，カンパニーが企業グループという名称に置き換わっただけという印象を受けることも否定はできない．さらに，ビジネス・ユニット自体の問題点も存在する．たとえば，現場のカンパニー社長や

第5章 三洋電機株式会社の国際管理会計　145

**図表5-10　三洋電機グループ経営体制（2003年4月1日付）**

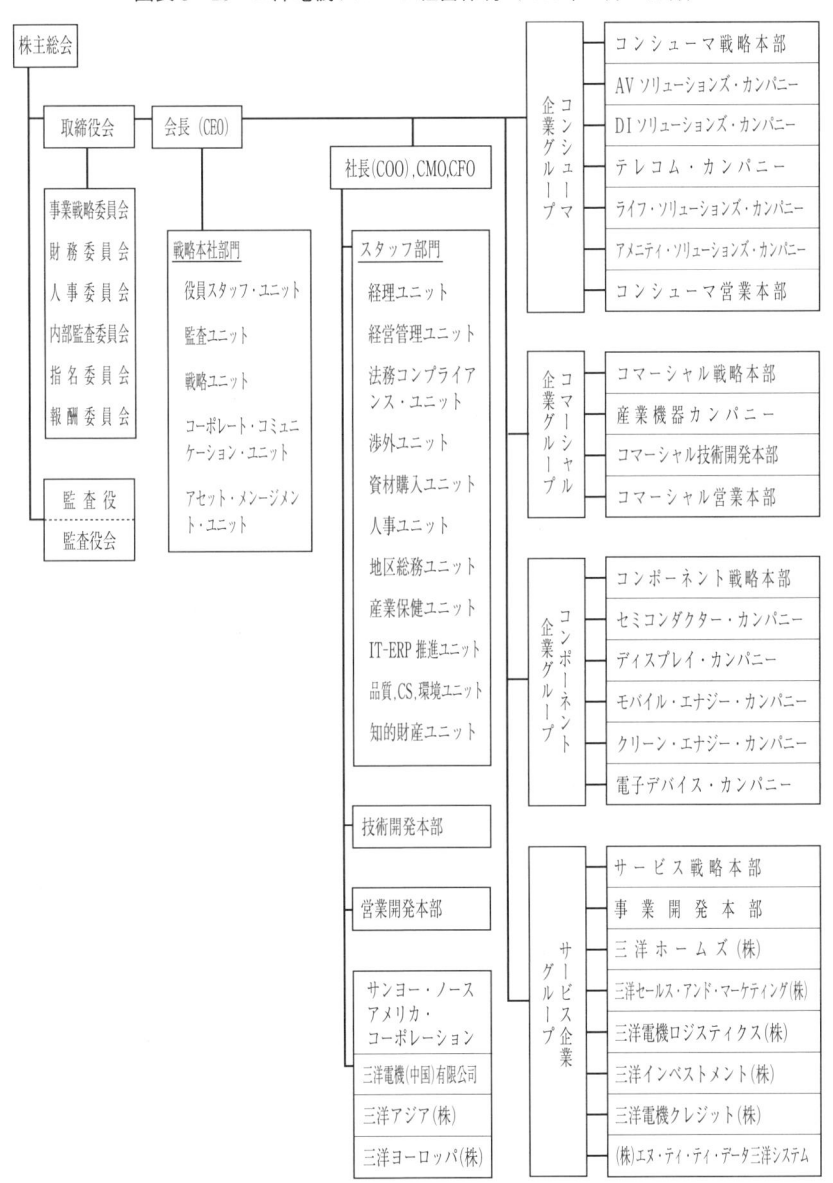

```
株主総会
  │
  ├─ 取締役会 ─── 会長(CEO) ─── 社長(COO),CMO,CFO
  │    │              │                 │
  │    │              │                 ├─ スタッフ部門
  │    │              │                 │    ├ 経理ユニット
  │    ├ 事業戦略委員会 │                 │    ├ 経営管理ユニット
  │    ├ 財務委員会    │                 │    ├ 法務コンプライアンス・ユニット
  │    ├ 人事委員会    │                 │    ├ 渉外ユニット
  │    ├ 内部監査委員会 │                 │    ├ 資材購入ユニット
  │    ├ 指名委員会    │                 │    ├ 人事ユニット
  │    └ 報酬委員会    │                 │    ├ 地区総務ユニット
  │                   │                 │    ├ 産業保健ユニット
  │    監査役         戦略本社部門        │    ├ IT-ERP推進ユニット
  │    監査役会        ├ 役員スタッフ・ユニット │    ├ 品質,CS,環境ユニット
  │                   ├ 監査ユニット         │    └ 知的財産ユニット
  │                   ├ 戦略ユニット         │
  │                   ├ コーポレート・コミュニケーション・ユニット
  │                   └ アセット・メンージメント・ユニット
```

企業グループ コンシューマ:
- コンシューマ戦略本部
- AVソリューションズ・カンパニー
- DIソリューションズ・カンパニー
- テレコム・カンパニー
- ライフ・ソリューションズ・カンパニー
- アメニティ・ソリューションズ・カンパニー
- コンシューマ営業本部

企業グループ コマーシャル:
- コマーシャル戦略本部
- 産業機器カンパニー
- コマーシャル技術開発本部
- コマーシャル営業本部

企業グループ コンポーネント:
- コンポーネント戦略本部
- セミコンダクター・カンパニー
- ディスプレイ・カンパニー
- モバイル・エナジー・カンパニー
- クリーン・エナジー・カンパニー
- 電子デバイス・カンパニー

サービスグループ企業:
- サービス戦略本部
- 事業開発本部
- 三洋ホームズ(株)
- 三洋セールス・アンド・マーケティング(株)
- 三洋電機ロジスティクス(株)
- 三洋インベストメント(株)
- 三洋電機クレジット(株)
- (株)エヌ・ティ・ティ・データ三洋システム

その他:
- 技術開発本部
- 営業開発本部
- サンヨー・ノース アメリカ・コーポレーション
- 三洋電機(中国)有限公司
- 三洋アジア(株)
- 三洋ヨーロッパ(株)

出典：三洋電機ホームページ2004をもとに作成

146 第2部 国際管理会計の実態

**図表5-11 2003年4月以前の三洋電機グループ体制**

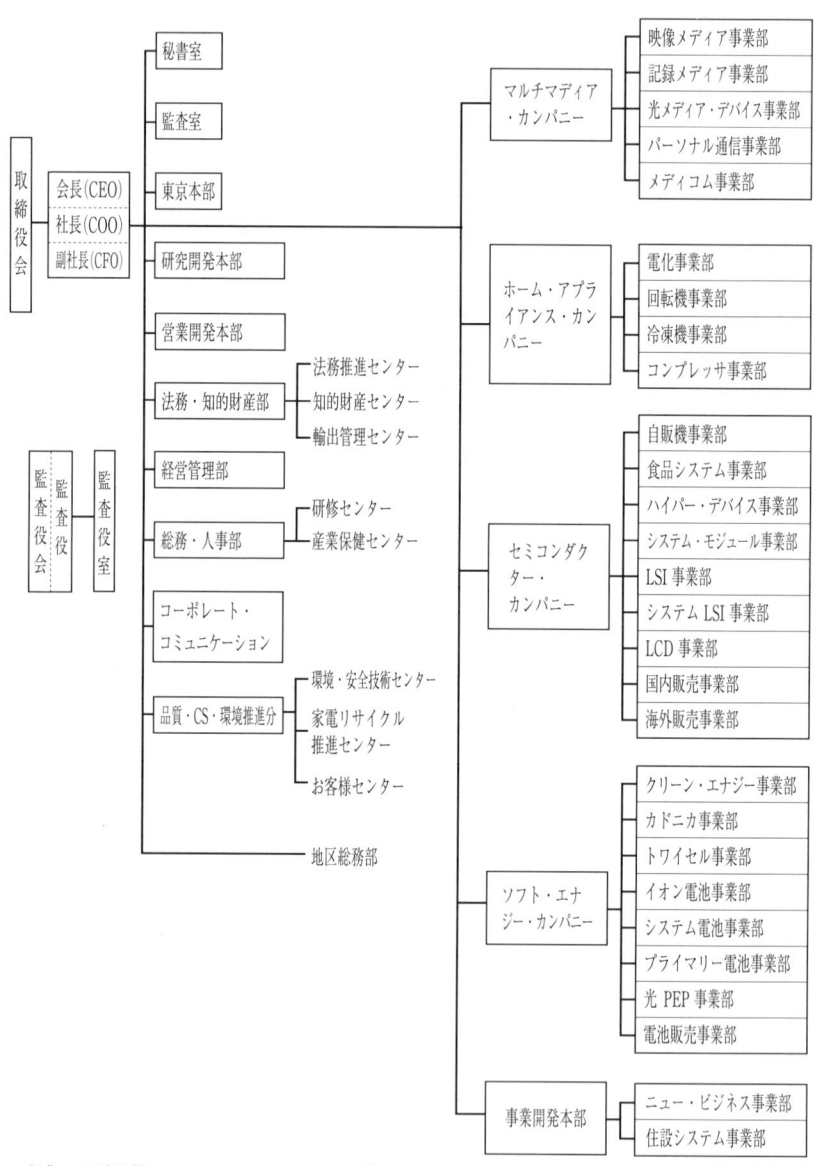

```
取締役会
├─ 会長(CEO)
├─ 社長(COO)
├─ 副社長(CFO)
│   ├─ 秘書室
│   ├─ 監査室
│   ├─ 東京本部
│   ├─ 研究開発本部
│   ├─ 営業開発本部
│   ├─ 法務・知的財産部
│   │   ├─ 法務推進センター
│   │   ├─ 知的財産センター
│   │   └─ 輸出管理センター
│   ├─ 経営管理部
│   ├─ 総務・人事部
│   │   ├─ 研修センター
│   │   └─ 産業保健センター
│   ├─ コーポレート・コミュニケーション
│   ├─ 品質・CS・環境推進分
│   │   ├─ 環境・安全技術センター
│   │   ├─ 家電リサイクル推進センター
│   │   └─ お客様センター
│   ├─ 地区総務部
│   ├─ マルチマディア・カンパニー
│   │   ├─ 映像メディア事業部
│   │   ├─ 記録メディア事業部
│   │   ├─ 光メディア・デバイス事業部
│   │   ├─ パーソナル通信事業部
│   │   └─ メディコム事業部
│   ├─ ホーム・アプライアンス・カンパニー
│   │   ├─ 電化事業部
│   │   ├─ 回転機事業部
│   │   ├─ 冷凍機事業部
│   │   └─ コンプレッサ事業部
│   ├─ セミコンダクター・カンパニー
│   │   ├─ 自販機事業部
│   │   ├─ 食品システム事業部
│   │   ├─ ハイパー・デバイス事業部
│   │   ├─ システム・モジュール事業部
│   │   ├─ LSI事業部
│   │   ├─ システムLSI事業部
│   │   ├─ LCD事業部
│   │   ├─ 国内販売事業部
│   │   └─ 海外販売事業部
│   ├─ ソフト・エナジー・カンパニー
│   │   ├─ クリーン・エナジー事業部
│   │   ├─ カドニカ事業部
│   │   ├─ トワイセル事業部
│   │   ├─ イオン電池事業部
│   │   ├─ システム電池事業部
│   │   ├─ プライマリー電池事業部
│   │   ├─ 光PEP事業部
│   │   └─ 電池販売事業部
│   └─ 事業開発本部
│       ├─ ニュー・ビジネス事業部
│       └─ 住設システム事業部
└─ 監査役会
    └─ 監査役
        └─ 監査役室
```

出典:三洋電機ホームページ2004をもとに作成

ビジネス・ユニット・リーダーからしばしば「誰もが部分最適になってしまっている」,「いわゆるタコツボに入ってしまっている」という意見が出ており,結果として以前よりも運営がしにくくなった,あるいは目先の利益にとらわれがちでチームワークが取りにくくなったという主張が聞かれるようになったということである（星野高，2005, p. 68）.

## 2.3 第三の創業と組織構造の変革

その後,三洋電機は2004年10月の新潟県中越地震で大きな被害を受けるとともにデジタル家電分野の競争激化で収益性が悪化した.その中で2005年11月に策定された中期経営計画では,従前の企業グループ制やビジネス・ユニット制を活用する形で,全社戦略として全ての事業ポートフォリオが見直しされ,コア事業と構造改革事業に区分がなされた.

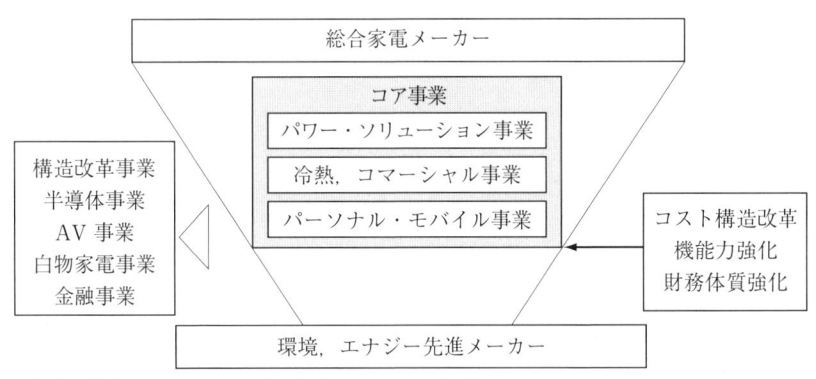

図表5-12 中期経営計画の全体像

```
            総合家電メーカー
                  │
        ┌─────────────────┐
        │    コア事業      │
        │ パワー・ソリューション事業 │
構造改革事業 │ 冷熱,コマーシャル事業 │ コスト構造改革
半導体事業  │ パーソナル・モバイル事業 │ 機能力強化
AV事業    └─────────────────┘ 財務体質強化
白物家電事業
金融事業
            環境,エナジー先進メーカー
```

出典：三洋電機アニュアル・レポート2006をもとに作成

このポートフォリオの見直しにあたっては,三洋電機が2005年に掲げた新しいビジョン「Think GAIA」の実現のため「どの事業が必要か,各々の事業の成長性,収益性,ポジション,グローバル化,コア・コンピタンスなどの面で事業価値が高いか」という観点から検討が行われ,図表5-13に示したとおり,コア事業と構造改革事業とに区分されている.

図表5-13　コア事業と構造改革事業

| コ ア 事 業 | | 構 造 改 革 事 業 | |
|---|---|---|---|
| パワー・ソリューション事業 | 二次電池事業・カー・エレクトロニクス事業など | 半導体事業 | 激化する競合他社との競争とは距離を置き，得意とするAV用途やパワー用途の半導体の開発に重点を置き，収益をあげるビジネス・モデルへの転換を模索 |
| 冷熱，コマーシャル事業 | 産業用冷熱機器，太陽光発電システム，コンプレッサー，バイオ・医療機器，医療情報システムなど | テレビ事業を中心とするAV事業 | 不採算機種の絞込み，国内営業改革，コスト構造改革により，増益を図る |
| パーソナル・モバイル事業 | 携帯電話，デジタル・カメラに加え，コンデンサー，モーターといった電子部品など | 白物家電事業 | 販売体制と内外生産体制の抜本的見直し，機種数削減，コスト競争力改善を行う |
| | | 金融事業 | アライアンスによる体質強化を目指し，独立した事業体としての自立を図る |

出典：三洋電機平成18年度有価証券報告書をもとに作成

　このように明確に事業ポートフォリオの見直しを実施し，資源を投入する事業と縮小・撤退を行う事業とに区分できた背景には，会社組織の形態を前述した「企業グループ制」ならびに「ビジネス・ユニット制」へと移行させたことと無関係ではないといえる．すなわち，ビジネス・ユニット制によって製品群単位での正確な収益把握が容易となったことで，各事業の投資効率の良し悪しについて情報が入手できるようになったと考えられるからである．

　さらに三洋電機では資源の選択と集中をすすめるべく，前節で見た4つのグループとインターナショナル・グループについて，これらの事業区分を考慮に入れて，図表5-14のような形で企業グループの再編成を行っている．

　このうち，構造改革事業でサービス企業グループに含まれていた金融事業については，主に事業を行っていた三洋電機クレジット株式会社の持ち株を外部へ売却することで，2007年3月期には連結財務諸表から除外されており，図表

図表 5 - 14　構造改革に向けた企業グループの再編成

| 当初のグループ名 | 変更後のグループ名 | 対象事業 | 区分 |
|---|---|---|---|
| コンシューマ企業グループ | パーソナル・モバイル・グループ | パーソナル・モバイル事業 | コア事業 |
| | ハーモニアス・ソサエティー・グループ | 白物家電事業 | 構造改革事業 |
| | | テレビ事業を中心とするAV事業 | |
| コマーシャル企業グループ | コマーシャル・グループ | 冷熱、コマーシャル事業 | コア事業 |
| | 部品デバイス・グループ | 半導体事業 | 構造改革事業 |
| コンポーネント企業グループ | パワー・グループ | パワー・ソリューション事業 | コア事業 |
| サービス企業グループ | サービス・チェーングループ | ― | ― |
| | （三洋電機クレジット） | 金融事業 | 構造改革事業 |
| インターナショナル企業グループ | グローバル営業グループ | | |

出典：三洋電機平成18年度有価証券報告書をもとに作成

5 - 15 に示した2006年12月28日付けの三洋電機グループ組織図からも金融事業に関する記載が除外されている．また半導体事業についても市場変化への対応力強化，商品の競争および展開力の強化，資金調達手段の多様化を促進するため，独立した事業体としての自立を目指し，2006年7月に会社分割によって同事業を分離し，三洋半導体株式会社を設立している．さらにTV事業についても台湾クオンタ社とTVの設計，資材購買の新会社を2006年10月に設立し，国内で共同開発した液晶TVの販売を行っている[8]．

これらの企業グループ再編成とその後の矢継ぎ早な対応がスムースに行われ

---

[8]　三洋電機2006年11月24日付けプレス・リリース『「SANYO EVOLUTION PROJECT」の進捗状況について』を参照した．

150　第2部　国際管理会計の実態

**図表5-15　三洋電機グループ経営体制（2006年12月末現在）[9]**

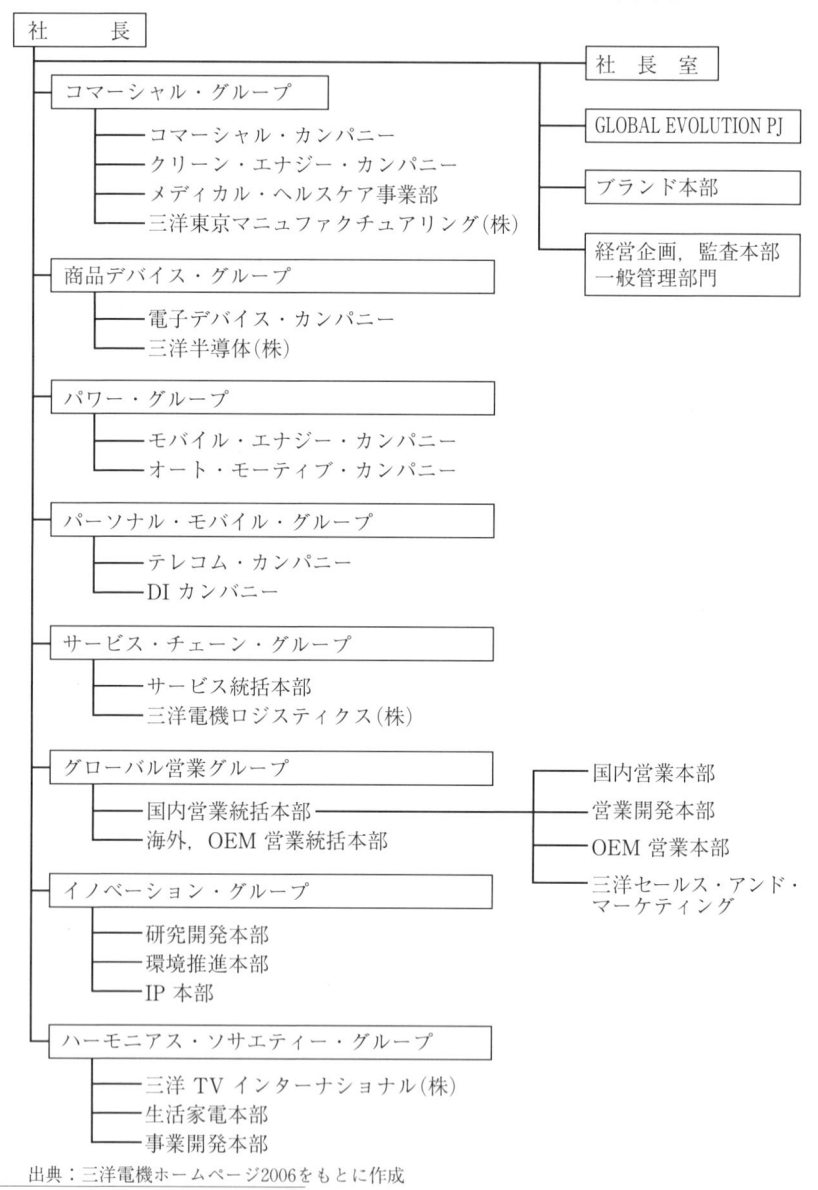

- 社長
  - 社長室
  - GLOBAL EVOLUTION PJ
  - ブランド本部
  - 経営企画，監査本部
    一般管理部門
  - コマーシャル・グループ
    - コマーシャル・カンパニー
    - クリーン・エナジー・カンパニー
    - メディカル・ヘルスケア事業部
    - 三洋東京マニュファクチュアリング(株)
  - 商品デバイス・グループ
    - 電子デバイス・カンパニー
    - 三洋半導体(株)
  - パワー・グループ
    - モバイル・エナジー・カンパニー
    - オート・モーティブ・カンパニー
  - パーソナル・モバイル・グループ
    - テレコム・カンパニー
    - DI カンパニー
  - サービス・チェーン・グループ
    - サービス統括本部
    - 三洋電機ロジスティクス(株)
  - グローバル営業グループ
    - 国内営業統括本部
      - 国内営業本部
      - 営業開発本部
      - OEM 営業本部
      - 三洋セールス・アンド・マーケティング
    - 海外，OEM 営業統括本部
  - イノベーション・グループ
    - 研究開発本部
    - 環境推進本部
    - IP 本部
  - ハーモニアス・ソサエティー・グループ
    - 三洋 TV インターナショナル(株)
    - 生活家電本部
    - 事業開発本部

出典：三洋電機ホームページ2006をもとに作成

9) 簡略化のため取締役会など社長より上位の機関については記載を省略している．

た背景としても,2003年からの「企業グループ制」ならびに「ビジネス・ユニット制」が寄与していると考えられる.またこの再編により,三洋電機のコア事業に対する選択と集中はさらに明確化されたといえるだろう.

なお,この最新の中期経営計画の財務目標は図表5-16のとおりとなっている.

図表5-16 「中期経営計画」の目標 (2005年11月公表時)

|  | 2006年度 | 2007年度 | 2008年度 |
| --- | --- | --- | --- |
| 売 上 高 | 24,400 | 24,900 | 26,400 |
| 営 業 (損失) 利益 | (170) | 750 | 970 |
| 税引前 (損失) 利益 | (2,020) | 470 | 750 |
| 当期純 (損失) 利益 | (2,330) | 295 | 620 |

出典:三洋アニュアル・レポート2006をもとに作成

## §3 国際戦略と国際管理会計

### 3.1 国際戦略の現状

第1節で説明したように,三洋電機は海外での製造,販売においては1940年代後半から積極的に取り組んできた.また,近年においては,国内のみならず国外の優良企業との提携や合弁会社の設立など,積極的な海外戦略に取り組むことにより業績改善に向け模索している段階である.

2004年に設置されたインターナショナル企業グループは,世界を14の地域に分け,それぞれの地域戦略を考えていた.すなわち,グローバル・ネットワークを生かして,下記に示すように市場ごとのビジネス・モデルを最適化し,グループとしてのシナジー効果を最大化する海外戦略を推進していたわけである.また,主要5地域の戦略上の主要拠点は以下の通りであった(宮本寛爾・小菅正伸,2005).

① 中国……製造拠点,市場として,世界中の期待が高まる中国市場にいち早く目を向け進出したアドバンテージを生かし,ビジネス・モ

デル強化を推進（例：ハイアールとの協業）．
② アジア……ASEANを中心にますます拡大の動きを見せるアジア市場で，地域に密着した商品，サービスの提供により，アジア市場の潜在需要に挑戦する．
③ 北米……世界をリードする北米市場で，多くのパートナーと築き上げた信頼関係をさらに生かす戦略展開で，三洋電機グループのプレゼンスを大きく拡大（例：フォードと協業，コダックとの合弁，ウォルマート向け事業）．
④ 欧州……東欧のEU加盟により出現した巨大マーケットに対し，環境や通信分野など三洋電機グループの優位性を最大限に生かし，市場開拓を推進（オランダ，プリンセス社との総代理店契約）．
⑤ 中東……産油国を中心に成長が見込まれる中東市場で，現地のライフ・スタイルに根ざした独自の商品作り，サービスで，中東エリアを中心に広域展開を推進．

　2005年には真のグローバル・カンパニーを目指すべく，「Think GAIA」ビジョンのもと，「SANYO EVOLUTION PROJECT」がスタートした．同プロジェクトでは，図表5-13に示すコア事業に関しては，海外市場における販売を強化することで世界一の地位を確立することを目標としている．一方，AV事業，半導体事業，白物家電事業などを構造改革事業と位置づけたうえで，これらの事業に関しては，販売管理費の削減，外国企業との提携，合弁会社の設立，子会社の売却などを通じたアジアへの生産移転および事業規模の縮小を図っている．

　最新の報道によれば，2006年11月に発表した最新の中期計画の見直し案で，携帯電話機生産機能のマレーシアへの移転，デジタル・カメラの生産機能のベトナムなどへの移転が計画されている．さらに，ハイアールへの冷蔵庫生産の全面委託（三洋ユニバーサル電機株式の9割をハイアールへ売却）も行われる予定である．また，生産機能の海外移転だけでなく，2007年から3年間で進められる生産子会社の80社の削減も予定されており，三洋グループの業績改善へ

向けた全社的な組織再編が進められている最中である．

このように三洋電機では，海外市場での販売強化を進める一方で，コスト削減のための生産機能の海外移転やリストラが進行中である．しかし，同時に生き残りを図るための高付加価値商品を世に出すべく，海外提携による共同開発も積極的に行っている．たとえば，冷蔵庫ではハイアールとの合弁会社で共同開発を行う予定であり，フォルクス・ワーゲン社と HEV 用次世代ニッケル水素電池システムの共同開発を進めている．以下では，ここ数年間にわたる海外事業担当部門の移り変わりについて説明する．

### 3.2 海外事業担当部門

三洋電機の海外事業担当部門は近年の組織再編を受けて，数度変更されている．まず，2004年4月に従来の企業グループに加え，インターナショナル企業グループが設立された．その理由は平成16年度の有価証券報告書によれば，三洋グループ全体の成長を遂げるために，事業展開を古くから行っている北米，欧州，中国，アセアンだけでなく，中近東や中央アジアなどの海外市場における事業の強化および拡充が必須であると考えられたためである．

インターナショナル企業グループには地域本部，海外販売会社，海外製造会社，海外研究開発会社が含まれていた．この中で，三洋セールス・アンド・マーケティング株式会社はいわば三洋電機の貿易部門であり，海外市場での販売やマーケティングを担当している．また，日本からの輸出だけでなく，海外工場で製造した製品の日本への輸入，さらには，海外子会社間の製品の輸出入の仲介なども行う会社である．地域本部は，各地域における本社の出先機関としての役割を担っている．海外事業体に対しては各カンパニーが投資することになっているが，資金が不足する場合は，海外統括会社である地域本部が不足分の投資を行う．

また，ロンドンとニューヨークの2箇所にある海外金融会社は，本社の財務部門に属している．各国の税金上の問題，為替ヘッジ等も財務部門が行っている．カンパニー間のロイヤリティや配当金に関してはカンパニー同士の交渉に

図表 5-17 マトリックス型組織の概念図

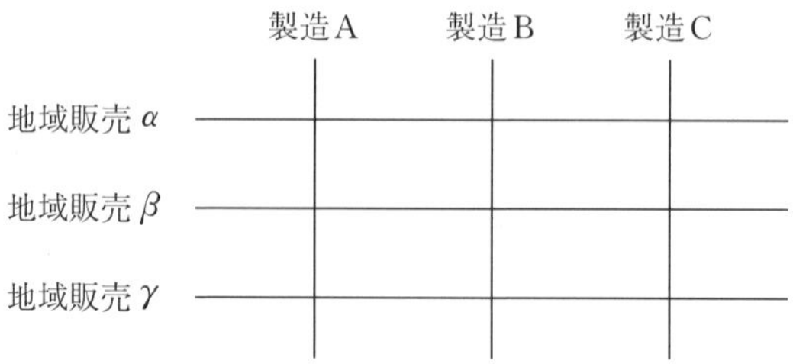

```
              製造A    製造B    製造C
地域販売 α  ─────┼─────┼─────┤
地域販売 β  ─────┼─────┼─────┤
地域販売 γ  ─────┼─────┼─────┤
```

任せられている.

インターナショナル企業グループが設けられる以前は，各グループは製品の製造を中心に考えていたため，新たな販売市場の開拓にはあまり注力していなかった．そこで，インターナショナル企業グループを設立することにより，それぞれのグループ下にある製造拠点を，新たに販売の地域ごとに管理することも可能とした．これによって，図表5-17のようなマトリックス型の組織が形成されることとなった．

2005年度には4月1日に従来の企業グループ制，ビジネス・ユニット制が改変され，8つの事業グループへの再編と本社の再編が行われた．それにともない，海外における売上の拡大を担うHAインターナショナル本部が新設された．しかしながら，インターナショナル企業グループそのものは消滅することになった．

さらに2005年7月に発表された新ビジョン「Think GAIA」のもと開始された「SANYO EVOLUTION PROJECT」では，真のグローバル・カンパニーへの進化へ向けた施策としてGlobal Headquartersが新設された．

また，2006年10月1日に行われた組織再編で，グローバル営業グループが誕生した．同グループは国内営業グループと海外・OEM営業グループが再編されたものであり，国内外の営業体制を統合するものとなっている．なお，海外・OEM営業統括本部の下には前述の三洋セールス・アンド・マーケティング株式会社とOEM営業本部が設置されている．

このように海外事業担当部門は毎年のように行われる組織再編によって変更

されているのが現状である．2004年度には海外事業の強化を目指し，海外事業を専門とするインターナショナル企業グループが誕生したが，2006年度現在ではむしろ全てのグループがグローバル規模での展開を目指しているため，海外事業だけを担当する同グループが消滅したのは自然な成り行きであろう．

### 3.3 予算編成

#### 3.3.1 予算対象組織

三洋電機は2003年度時点において，経理単位を予算管理の対象の最小基本単位とみなしており，経理単位ごとに収支や予算情報を管理している．企業グループ，グループ内の各カンパニーも経理単位の集合体となっている．企業グループ制が導入されるまでは，部課が経理単位であったが，インタビュー当時の2004年時には，ビジネス・ユニットが経理単位となるように変更されているところであった．また，予実情報に関しては，カンパニー予算，連結予算とも月次で把握されている．ビジネス・ユニットの予実管理に関しては，損益計算書項目はすべて管理し，貸借対照表項目に関してはビジネス・ユニットごとに細分化することが困難であるため，特に在庫情報と償却費を重要視されている．

#### 3.3.2 予算管理

予算編成はまず，毎年1月に本社から基本方針（売上高と営業利益）が各カンパニーに伝えられる．各カンパニーは基本方針をもとに1月に第1次積み上げ予算，2月に第2次積み上げ予算を編成し，最終的にカンパニー予算を編成する．この際，設備投資計画も同時に作成する．各カンパニー予算案が編成された後，カンパニー間で調整を行う．その後企業グループがグループ全体の観点からカンパニー予算を総合し，グループ予算を編成後，本社が全社的な観点から総合予算を編成する．

三洋電機では向こう3年分の予算を毎年編成する，ローリング予算編成方式を採用している．3年分の予算を過年度のものと比較することで，意思決定に役立てることができると三洋電機は考えているが，2年目以降の予算が予測可能性に乏しいため，実際に中期の予算情報を年次比較することは実現していな

い．

### 3.4　三洋電機版 EVA（Economic Value Added）

　三洋電機では三洋電機版 EVA を導入している．三洋電機版 EVA は，業績評価の一つの項目として加えられたものであり，カンパニー・レベルにまで導入されているが，ビジネス・ユニット・レベルにまでは導入されていない．これは，現在，資本コストが非常に低くなっており，各ビジネス・ユニットの EVA を算出してもビジネス・ユニット間の差が非常に小さいものとなり，比較評価の指標としては有用ではないと考えられているからである．また，EVA は実績数値の一つとして計算しているため，予算内では利用されていない．

### 3.5　社内資本金制度

　三洋電機は1986年に事業部本部制を導入し，「製販一体」を重視しながらも，事業部の独立的な経営を進めてきた．その狙いは事業本部長あるいは事業部長の経営マインドを育むことにあり，この狙いを具現化する仕掛けとして，同86年に社内資本金制度が導入されたのであった．また，この制度が導入される際には，三洋電機グループは中堅企業の集まりであって，その総和によってシナジー効果の発揮を目指すべきであると考えられていたそうである（星野高，2005）．三洋電機は社内資本金制度導入の具体的な目的として以下の5つを挙げている．

① 独立企業体として継続した経営活動……利益の翌期繰越
② 権限を委譲し，責任の所在を明確化……「企業グループ」の CEO に，本社から大幅な権限委譲
③ 企業グループごとの実情に即した機動的な意思決定……財務分析による自主判断と投資および事業拡大
④ 事業業績の明確化および公平化……独立企業体としての他社比較
⑤ 使用資金と資金コストの認識……資金コスト認識（資金使途内容分析）

と資金管理（資金繰り）

また，同制度の基本原則は，以下の通りである．
① 勘定残高の計上

対外勘定は取引部署に一括計上し，関連ある部署へ社内（付替）勘定で計上する．
② 税金・配当金

税金および配当金に関しては，独立企業体と同様に負担することになっている．たとえば，税金に関しては利益の4割を負担する．赤字になった場合は還付はしない．また，配当金に関しては資本コストの負担に含めて考えるため，配当金としての負担はない．
③ 社内金利の負担

社内決済勘定に対し一律3％の金利負担を行う．ただし，在庫が基準を超える部分に対してはペナルティーとして5％の金利を負担することになっている．また，設備・投資に関しては抑制金利として1％が設定されている．
④ 基準の見直し

社内資本金に関しては3年ごとに見直すことになっているが，売掛債権および買掛債務の規定日数に関しては毎年見直すことになっている．

また，社内金利は本社財務部で設定され，上記EVAの資本コストとして全社一律に利用されている．また，この金利をもとにキャッシュ・フローの算定も行っている．本社が奨励する事業を行うカンパニーに対しては，1％の社内金利を課す．カンパニーは，その業績評価のために，貸借対照表，損益計算書，キャッシュ・フロー計算書，EVAを作成している．

### 3.6 カンパニー，ビジネス・ユニットの業績評価

カンパニーはカンパニーの貸借対照表，損益計算書，キャッシュ・フロー計算書，EVAを作成する．しかしそれだけでなく，前述の社内資本金制度による利益管理をより向上させるため，以下に示す主要分析指標によっても業績評

価される．そして，その主要分析指標に対してウェイトをつけ，合計百点満点とする，百点満点制が導入されている．点数は以下の計算式によりつけられる．また，ビジネス・ユニットの業績評価に関しては，先述したように，各事業の状況に即してビジネス・ユニットが下記のように分類されているため，図表5-19に示すように，それぞれのビジネス・ユニットの性格によって異なる基準が設定されている．

① 専門型ビジネス・ユニット（全体の25％）：専門機能を提供する．
② 拡張型ビジネス・ユニット（全体の50％）：既存の事業を拡大する．
③ 新規事業育成型ビジネス・ユニット（全体の5％）：新規事業の開拓を行う．
④ 再構築ターナラウンド型ビジネス・ユニット（全体の20％）：事業の立て直しを行う．
⑤ 縮小および撤退型ビジネス・ユニット（④から移行してくる）：事業の整理を行う．

　上記の内，②～⑤がプロフィット・センターとみなされている．業績評価の項目や各項目の重要度は，②ではシェアや売上高や営業利益，目標達成度などが，③では伸び率や目標達成度などが，④では再建までの時間や赤字の大きさなどが，⑤では撤退までの時間や赤字の大きさなどが評価される．なお，縮小や撤退にあたって必要な人員整理や設備の売却などについて，計画を前倒して実行できればプラスに評価され，人員削減についても，たとえば，退職金支出総額が想定額を下回れば，利益貢献として評価される（星野高，2005）．なお，各ビジネス・ユニットとも業績評価は単年度ベースで行われている．

### 3.7　海外事業の経営管理と業績評価

　海外事業に関する業績評価に関しては，インタビュー当時の情報にしたがって説明する．インターナショナル企業グループに含まれる地域本部，海外販売会社，海外製造会社，海外研究開発会社に関しては，該当する各カンパニーに連結したうえで業績評価を行うことになっている．図表5-20はカンパニー収

### 図表 5-18 百点満点制と主要経営管理指標

$$点数 = ウェイト点数 \times \frac{実際数値(A)または標準数値(S)}{標準数値(S)または実際数値(A)}$$

| | 主要分析指標 | 算 式 | 標準数値 | ウェイト | 計算 | 改善 |
|---|---|---|---|---|---|---|
| 収益性 | 総資本利益率 | 純利益÷平均総資本×100 | 4% | 10 | A/S | ↑ |
| | 売上高利益率 | 純利益÷売上高×100 | 2.5% | 10 | A/S | ↑ |
| | 売上高達成率 | 売上高÷期首計画売上高×100 | 100% | 5 | A/S | ↑ |
| | 利益達成率 | 純利益÷期首計画純利益×100 | 100% | 5 | A/S | ↑ |
| | 計 | | | 30 | | |
| 効率性 | 総資本回転率 | 売上高÷平均総資本 | 1.6回 | 5 | A/S | ↑ |
| | 有形固定資産回転率 | 売上高÷平均有形固定資産 | 5.0回 | 5 | A/S | ↑ |
| | 売上債権回転日数 | 平均売上債権÷売上高×365 | 50日 | 5 | S/A | ↓ |
| | 棚卸資産回転日数 | 平均棚卸資産÷売上高×365 | 20日 | 5 | S/A | ↓ |
| | 計 | | | 25 | | |
| 生産性 | 一人当たり付加価値額 | 付加価値額÷平均従業員数 | 10百万円 | 5 | A/S | ↑ |
| | 一人当たり売上高 | 売上高÷平均従業員数 | 50百万円 | 5 | A/S | ↑ |
| | 労働装備率 | 平均稼働有形固定資産÷平均従業員数 | 10百万円 | 5 | A/S | ↑ |
| | 損益分岐点比率 | 損益分岐点売上高÷売上高×100 | 75% | 5 | S/A | ↓ |
| | 売上高変動費率 | 変動費÷売上高×100 | 75% | 5 | S/A | ↓ |
| | 計 | | | 25 | | |
| 安全性 | 流動比率 | 流動資産÷流動負債×100 | 150% | 5 | A/S | ↑ |
| | 固定比率 | 固定資産÷資本×100 | 80% | 5 | S/A | ↓ |
| | 自己資本比率 | 資本÷総資本×100 | 50% | 5 | A/S | ↑ |
| | 計 | | | 15 | | |
| 成長性 | 売上高伸張率 | (売上高÷前年同期売上高-1)×100 | +10% | 5 | A/S | ↑ |
| | 利益伸張率 | (純利益÷前年同期純利益-1)×100 | +10% | 5 | A/S | ↑ |
| | 計 | | | 10 | | |
| | 合 計 | | | 100 | | |

図表5-19　ビジネス・ユニットのビジネス・ユニット・リーダー評価項目

〈事業拡張ユニット〉

**拡張型ビジネス・ユニット**
目的：既存ビジネスを強化する
- 売上高，営業利益の絶対額
- マーケット・シェア拡大

**新規事業育成型ビジネス・ユニット**
目的：経営資源を集中的に投入して新規事業を立ち上げる
- 売上高，営業利益の絶対値
- マーケット・シェア拡大

**再構築ターン・アラウンド型ビジネス・ユニット**
目的：リストラ，事業再編を通して事業再生させる
- 事業計画の達成
- 営業利益の改善

**縮小・撤退型ビジネス・ユニット**
目的：事業の縮小，整理，撤退を行う
- スピーディかつスムーズな事業の縮小，整理，撤退
- 赤字の削減

**専門型ビジネス・ユニット**
目的：各ビジネスユニットを横断して専門機能を提供する
- 事業計画達成における各機能の貢献度

出典：星野高，2005，p.66 に一部加筆した．

支に海外販売会社の費用実績が統合される例である．

ただし，海外各地に設置されている海外統括会社としての地域本部に関しては地域本部ごとに業績評価を行う．なお，海外金融会社に関しては本社の財務部に含まれたうえでの業績評価となっている．

また，海外の事業計画に関しては，現地通貨にて行う．そのため，計画と実績の比較に関しても現地通貨で行っている．ただし，本社では全社的な経営管理を行うために現地通貨による情報だけでなく，円貨に換算した計画と実績の比較情報も重視している．

インフレに関しては業績評価上，特に考慮に入れていないということである．これは業績評価の基本は計画の達成度であると本社が考えているためであり，業績評価指標として売上数量やシェアも使用することでインフレの影響をあえ

図表5-20　カンパニー収支への海外営業部の費用実績の組入

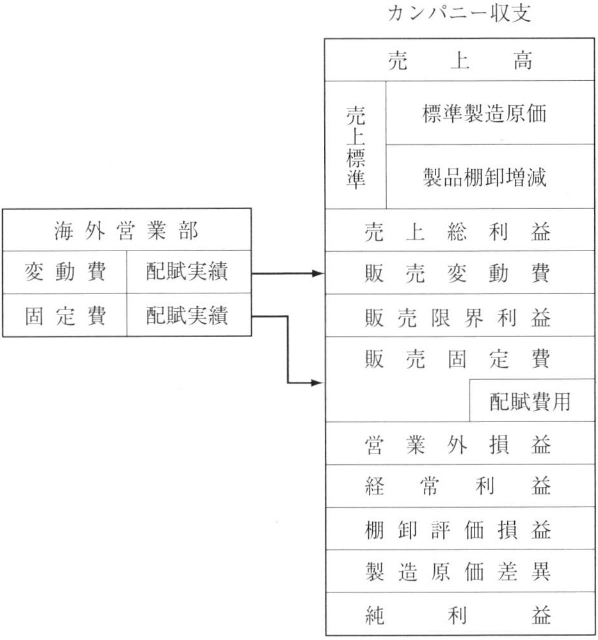

カンパニー収支

| 売上高 | | |
|---|---|---|
| 売上標準 | 標準製造原価 | |
| | 製品棚卸増減 | |
| 売上総利益 | | |
| 販売変動費 | | |
| 販売限界利益 | | |
| 販売固定費 | | |
| | 配賦費用 | |
| 営業外損益 | | |
| 経常利益 | | |
| 棚卸評価損益 | | |
| 製造原価差異 | | |
| 純利益 | | |

海外営業部

| 変動費 | 配賦実績 |
|---|---|
| 固定費 | 配賦実績 |

て評価に入れなくても業績評価を行うことが可能だということである．なお，ヘッジングなどのインフレ対策は本社の財務部が行っている．

### 3.8　国際的な業務提携について

　三洋電機はドイツのフォルクス・ワーゲン社との HEV 用次世代ニッケル水素電池システムの共同開発など，他業種の海外企業との提携のみならず，韓国サムスン・グループや中国のハイアール集団など海外競業他社との積極的な事業提携を結んでいる．ライバル企業とあえてこれらの業務提携を行う理由は，インタビューによれば以下の利点にあるということである．

① 提携先企業のチャネルを通じた自社製品の販売

　　中国をはじめとする，今後爆発的な需要増が見込めるアジア市場において，自社製品を提携企業のチャネルを利用して販売することができれば，

市場シェア拡大を効率的に行うことができる.
② 提携先企業への自社のコア部品の販売

たとえばハイアールは白物家電の製造販売に実績のある企業だが,三洋電機はハイアールに自社のコア部品を販売することが可能となる.

③ 提携先企業の魅力的な製品を日本で販売(OEM,提携先企業のブランド)

もともと三洋電機ではオリンパスやニコンへのデジタル・カメラのOEM販売に実績があるが,反対に提携先企業の製品をOEMで日本に持ち込み,三洋電機ブランドとして売ることも可能となる.

④ 共同開発

共同開発の例としては,サムソン電子との家庭用エアコンのグローバル・モデルの共同開発がある.年々厳しくなる競争に勝ち残るためには,競争力のある製品を早期に市場に投入する必要があり,お互いの持つ開発資源の強みを効率的に活用しあうことが肝要だという判断である.

⑤ 管理手法の吸収

近年,三洋電機における業務改革は,ビジネス・ユニットについてはハイアールを,そして業績評価や人材育成などについてはサムスン電子を参考にし,それらを日本流にアレンジし導入しているということである.

このように三洋電機が海外企業と積極的に提携するのは,販売チャネルの早期開拓および強化や製造コストの削減だけでなく,グローバル市場で通用する製品の早期開発,さらには経営管理手法の改革といったありとあらゆるメリットを考慮に入れたためであり,グローバル競争に勝ち残りたいという企業の姿勢をうかがい知ることができる.

## §4 むすび

本章では三洋電機株式会社のグローバルに展開する戦略と組織構造の実態,および主にインタビューによる国際管理会計の実態について説明した.現在,三洋電機は非常に厳しい国際競争にさらされており,苦しみながらも経営構造

の改革，組織再編などに取り組み，なんとか再生しようと試行錯誤を繰り返している．

連結グループ経営への重点移行を目指したグループ制の導入は，三洋電機グループの経営資源の選択と集中を加速させる中で企業価値の最大化を図るものであった．また，企業価値の増大を本業である製造業だけでなく，金融サービス事業を代表とする異業種への業務展開を図るなかでも達成しようと考えていた．

また，各カンパニー内に多数のビジネス・ユニットを設置することで，組織内の従業員の自主独立性を尊重し，かつ企業存続にとって不可欠な利益に対する責任を持たせるような工夫もなされた．さらに，ビジネス・ユニットを戦略目標別に分類することで各ビジネス・ユニットがどのような業績目標を持つべきか明確化された．自主独立性や利益責任に対するトップ・マネジメントの方針は，本章で説明したように，予算編成方法や社内資本金制などに現れているといえよう．

残念ながら，三洋電機のここ数年の業績を見る限り，数々の努力は現在のところ日の目を見ているとは言いがたい．その成果が現れるまでには今しばらくの時間が必要かもしれない．しかしながら，新ビジョンの「Think GAIA」を具現化するための製品のひとつである「eneloop（エネループ）」などは非常に好調で，国内のみならず海外でも全面的に展開されており，三洋電機再生への足がかりになると予想される．

アジアにおける生産子会社の削減などグローバルな事業再編は今後さらにすすむと予想されるが，根底にあるのはグループ制およびビジネス・ユニット制導入時の方針，すなわち「機能的な専門力」と「グループの総合力」の向上である．この二つは変わらず，今後も促進されるはずである．

今後の研究課題として考えられるのは，三洋電機版 EVA である．2004年のインタビュー時では，金利の低さを理由としてビジネス・ユニットやカンパニーの業績評価に組み入れられないということだった．しかし，グローバル市場を視野に入れるのであれば，国内の金利だけを考慮する理由はないし，国内

の金利も今後引き上げられるのは確実である．EVAが今後，三洋電機の中でどのように利用されるかについては，今後の調査により明らかにしたいと考えている．

参 考 文 献

星野高．2005．「事業部門別の自立的な経営を強化－三洋電機の組織戦略とビジネス・ユニット制」Business Research 970：62-68．

宮本寛爾，小菅正伸．2005．「国際経営組織の設計と管理会計（第23章）」『企業価値向上の組織設計と管理会計』門田安弘編著，税務経理協会．

三洋電機株式会社．2004．「経営組織と制度の改革について」三洋電機株式会社HP（http://www.sanyo.co.jp/koho/hypertext4/0303news-j/0317-1.html），2004年1月26日．

三洋電機株式会社．2004．『第80期有価証券報告書』．

三洋電機株式会社．2005．『アニュアル・レポート2005』．

三洋電機株式会社．2005．『第81期有価証券報告書』．

三洋電機株式会社．2006．『アニュアル・レポート2006』．

三洋電機株式会社．2006．『第82期有価証券報告書』．

三洋電機株式会社．2006．「「SANYO EVOLUTION PROJECT」の進捗状況について」三洋電機株式会社HP（http://www.sanyo.co.jp/koho/hypertext4/0611news-j/1124-2.html），2006年11月24日．

三洋電機株式会社．2007．「三洋電機について」三洋電機株式会社HP（http://www.sanyo.co.jp/koho/doc/j/corporate/index.html），2007年2月28日．

（付記）本章の作成にあたり，インタビューに応じてくださいました三洋電機株式会社戦略スタッフユニットのユニットリーダーの星野高氏，品質・CS・環境ユニットCS推進チーム・マネジャーの宇高育男氏に厚く御礼申し上げます．

# 第6章 国際管理会計の課題と展望

関西学院大学 小 菅 正 伸

## §1 はじめに

　グローバル企業における戦略経営は，連結グループ経営のための戦略策定とその実行によって実現される．複数の事業戦略を単純に束ねるだけでは全社的な企業戦略にはならないからである．特に現在のような国際環境の激動と事業環境の変移性に直面する場合，多くのグローバル企業はその海外拠点の配置やネットワーク形成の優位性を活かして，国の比較優位性，規模・範囲・結合の経済性など，競争優位性の諸源泉から最大の成果（たとえば，企業グループ全体の価値創造）を獲得できるように，戦略を策定し，その実行に注力する必要がある．

　このような企業活動のグローバル化の進展は伝統的な管理会計の研究領域の拡大を促し，これを受ける形で国際管理会計という研究領域が形成され，今日に至るまでその発展が継続されている．ここでいう国際管理会計はグローバル企業の予算管理と業績評価，特に国際振替価格と外貨換算の問題を中心に充実してきた研究領域である（宮本，1983，1989）．本企業調査専門委員会は，連結グループ戦略を前提とし，そこにおける本社（親会社）と海外子会社との関係に着目し，グローバル戦略とその組織構造を中心に国際管理会計実務の調査に取り組んだ．

　本章は，以下の点に関する本委員会の現段階での暫定的な結論を提示したも

のでしかない．今後，さらに調査研究を積み重ね，国際管理会計あるいはグローバル企業の管理会計に関する研究の，外延の拡張ならびに内包の充実を図りたい．

そこで，以下順序として，最初にグローバル戦略実行を支援する際に経営管理者が直面する経営管理上の諸問題を明らかにし，われわれの調査対象領域の重要性を明らかにする．次いで松下電器産業，シャープ，三洋電機の3社の調査結果を総括し，それらの比較検討から得られた特徴点や問題点を抽出する．それに続いて本企業調査専門委員会が取り扱えなかった重要な研究課題を列挙し，最後にそれを踏まえて今後の研究の方向性を本章の結びとして提示する．

## §2 グローバル戦略実行支援のためのマネジメント

### 2.1 グローバル戦略実行に際して直面する経営管理上の課題

かつて加登（1997）が指摘したように，グローバル市場において国際的規模で活躍するわが国企業に関する管理会計の研究は未だに未成熟段階にある．1980年代後半に有用性の喪失が指摘された管理会計は，優れた企業実務に学び，研究の遅れを回復する努力を積み重ねて今日に至ってきたが，すべての管理会計実務が優れているわけではないし，実務に関する研究それ自体の有用性喪失も皆無ではない．しかも，グローバル企業の管理会計に関しては，状況はより深刻である（加登，1997）．本企業調査専門委員会も，このような批判を踏まえ，わが国のグローバル企業における管理会計実務に関する調査研究を行った．

次頁に掲げた図表6-1は，企業がグローバル戦略を実行する場合に，経営管理者が直面する諸問題を列挙したものである．これらの問題解決はグローバル企業の経営管理者にとっては焦眉の課題である．

以下，この図表6-1に示された諸課題について順次検討し，本研究委員会がこれらの課題のうちどれに限定して調査を行ったのかを明らかにする．

### 図表 6 - 1　グローバル戦略実行上の経営管理者の主要な課題

- 海外直接投資をどう評価するか.
- 現地での資金調達をどうするか.
- 本社のシステムや知識をどう海外移転するか.
- 海外子会社の予算をどう編成し,管理するか.
- 海外子会社の業績をどう評価するか.
- 海外子会社の現地での経営はどうあるべきか.
- 企業グループとしてのグローバル経営ならびにグローバル戦略はどうあるべきか.

出典：李［2003］をもとに作成

### 2.2　海外直接投資の経済性分析

第一の課題は海外直接投資をどう評価するかである.この課題は伝統的な管理会計では資本予算に関連する問題領域であり,そこでは海外直接投資の経済性分析が中心テーマである.李によれば,貿易,ライセンス契約,海外直接投資といった選択肢の中から海外直接投資を選択する必然性とその経済的根拠を示す必要がある（李,2003）.

加登は,わが国企業における海外事業投資の意思決定が曖昧であることに関して以下のように論じている（加登,1997）.

「日本企業の海外事業会社設立投資に関するこれまでのおおよその判定基準は,『3－5年で単年度黒字,5－8年で累損一掃』というものである.しかしながら,私たちは,どのような回収計算が行われているか,予想回収期間があらかじめ設定された（本当に設定されているのか？）期間より長期間を要することが明らかになったときどのような対応がなされているのか,経済性計算に含まれない要因は意思決定にあたってどのように考慮されているのか,これまでは回収期間法が主要な方法であるといわれてきたが現時点でもそうか（海外投資の場合も国内投資と同じなのか）,海外投資と国内投資のバランスはどのように取っているのか,事前に投資額が毎年度予算で決定されているとすれば（そうなっているかどうか）,その金額は決して超過しないのか,それとも,場合によっては超過も認められるのか（そうだとすればどのような場合なのか）,ROI は考慮されな

いのか，ROIを考慮する企業と回収期間法だけを用いる企業の間にはどのような違いがあるのか，また，このような意思決定の進め方はきわめて日本的なのかどうか……

これらの疑問に答えてくれる研究はまったくないといってよいほど存在しない．そして，もし本当に研究が存在しないのであれば，企業はなにを参考にして自社の海外事業投資を行っているのか，その実態はどうなっているのか．これらの問題に対してもわたしたちはきわめて限られた情報しかもちえていないのである．……（以下略）……」（加登，1997, pp. 31-32）

### 2.3 海外直接投資に伴う資金調達

第二の課題は現地での資金調達をどうするかである．この課題はファイナンス（海外直接投資に伴う資金調達）に関する問題領域であり，国際財務において検討されるべき事項である．

李によれば，調達資金の源泉（本社からの100％出資なのか，現地の資本市場に上場すること等により現地資本を積極的に活用するのか，あるいはまた，単独投資にするのか合弁会社にするのか）やキャッシュ・フローなどの側面に注目する必要がある（李，2003）．会計に関連する具体的な課題としては，たとえば国際資本市場における外貨建長期資金調達，現地での上場，資金調達にともなう国際的なディスクロージャー，国際会計基準／国際財務報告基準の適用など，さまざまな問題が考えられる．

### 2.4 海外への知識移転

第三の課題は本社のシステムや知識をどう海外移転するかであり，この課題は知識移転に関する問題領域である．この点に関しては，李が指摘しているように，本社が海外進出を断行したことは本国において本社が一定の成功を収めたことを意味しているから，本国において有効に機能したシステムや知識を海外子会社に移転することは当該企業にとっては当然の意思決定であり，自然な行動である（李，2003）．原価企画の海外移転はこの代表例である（伊藤，

1995).

## 2.5 海外子会社の予算管理

第四の課題は海外子会社の予算をどう編成し,管理するかであり,この課題は伝統的管理会計においては予算管理に関する問題領域である.具体的には,予算編成に際しての主導権が本社と子会社のいずれにあるのか,為替レートの変動にいかに対処するのか,そして為替レートの変動による損益への影響額に対する責任の所在など,さまざまな問題が検討される必要がある.なお,グローバル企業の予算管理に関しては,たとえば伊藤による検討を参照されたい(伊藤,1995).

## 2.6 海外子会社の業績評価

第五の課題は海外子会社の業績をどう評価するかであり,これは伝統的管理会計における業績評価に関する問題領域として取り扱われてきた課題である.業績評価に関しては,たとえば以下のような問題が考えられている.

- いかなる業績評価指標を用いるのか.
- 単一の業績指標なのか,複数の指標を用いるのか.
- 財務的な業績指標を重視するのか,非財務的な業績指標をも活用するのか.
- 海外子会社の組織体それ自体の業績と子会社の管理者の業績とをどのように評価するのか.
- 国際振替価格をどのように設定するのか.

国際振替価格に関しては,アームスレングス価格,最適振替価格,中立的振替価格などが,理論上さまざま提唱されている(宮本,1983).特に,国際振替価格を海外事業戦略管理会計の観点から理論展開し,実態調査結果にもとづき考察を展開している清水の研究は注目に値する(清水,2001).

わが国企業のグローバル組織の業績評価に関しては,日本独特のシステムの海外移転が可能か,すなわち日本企業の業績管理会計実務がグローバルな意味において普遍性をもっているのか否かが問題視される(頼,1997).なお,海

外子会社の業績評価に関しては上條の研究を（上條，1995），そしてわが国のグローバル企業および海外子会社の業績評価の実践に関しては伊藤による研究（伊藤，2004）を，それぞれ参照されたい．また，業績評価と外貨換算などに関しては宮本の研究を参照されたい（宮本，1989）．

## 2.7 海外子会社の現地経営

　第六の課題は海外子会社の現地での経営はどうあるべきであるかという問題であり，これは現地経営に関わる問題領域として取り扱われてきたものである．李によれば，これは現地で事業を営む海外子会社の立場に立った問題領域であり，主として本国から派遣された管理者が子会社のトップ・マネジメントの座につくため，主に現地人のミドル・マネジャーや従業員を雇用することから生じるさまざまなコンフリクトやコミュニケーション上の問題である（李，2003）．本社と子会社の間の文化（ナショナル・カルチャーや組織文化）の相違も，現地経営においては考慮される必要がある．

## 2.8 グローバル戦略とグローバル連結経営

　第七の課題は企業グループとしてのグローバル経営ならびにグローバル戦略はどうあるべきかであり，これはグローバル経営あるいはグローバル戦略に関する問題領域として取り扱われてきたものである．李によれば，グローバルな企業グループという観点からは，本社と海外子会社を含む企業グループにとって最適なグローバル戦略やグローバル組織とはいかなるものなのか，さらにそのようなグローバル戦略を実行するためのグローバル情報システムやグローバル・コントロール・システムはどうあるべきかが模索されている（李，2003）．

　たとえば，岩淵はグローバル組織の経営戦略と会計との関係に関して，海外子会社の自律性を徹底して促進しなければ，グローバル連結企業グループ全体の統合性をさらに強化することが困難であることを，わが国企業を対象とした実証的研究によって明らかにしている（岩淵，1997）．

　また，グローバル戦略に向けた国際経営戦略論がいろいろと展開されている

ことも事実であるから（宮本, 2003；伊藤, 2004），それらの理論の検討とそれを用いた実証は重要である．そして，トランスナショナル戦略とグローバル企業の組織構造との関係，およびそれらと管理会計システムとの関係は，国際管理会計研究にとって重要な問題領域である（宮本, 1989, 2003）．トランスナショナル戦略との関連でさらに付け加えるなら，戦略と株主価値創造経営との関係やグローバル企業の海外事業体の価値評価も無視できない重要テーマであり，戦略マップや BSC による戦略的マネジメントと伝統的な予算管理との統合も要検討事項であろう（Landry, et al., 2002；宮本, 2003）．

　本企業調査専門委員会は，松下電器産業，シャープ，三洋電機の3社に関して，主に第7の課題（企業グループとしてのグローバル経営ならびにグローバル戦略はどうあるべきか）を中心に，第4の課題（海外子会社の予算をどう編成し，管理するか）と第5の課題（海外子会社の業績をどう評価するか）を国際管理会計の主要課題として，インタビューによる実態調査を行った．そこで次節では，3社の調査結果の総括を行い，そこから得られた知見をもとに問題点や課題を明らかにする．

## §3　調査結果の総括——3社の比較と問題点——

### 3.1　戦略と組織形態

　2002年から2004年にかけて実施したインタビュー調査および各種公表資料のサーベイの結果として得られた知見のうち，3社のグローバル戦略の特徴，グローバル戦略実行のための組織構造，グローバル戦略の策定とその実行に関与する組織単位について要約したものが，次々頁に掲げる図表6－2である．この図表からは以下のことが明らかに読み取ることができる．

① 3社ともグローバル連結グループを前提としたグローバル戦略を実施している．

② 松下電器産業はグローバル・マトリックス構造を採用している．

③ シャープは事業本部制，三洋電機は営業と製造とのマトリックス構造を

形成している.

なお,各社の詳細に関しては,本書の第3章から第5章を参照されたい.

### 3.2 海外事業活動に関するマネジメント・コントロール・システム

次頁に掲げた図表6-3は,3社のグローバル活動に関する責任・権限の所在や経営管理の仕組み,そして業績評価のための主要な業績指標について示している.この図表から,責任・権限に関しては3社それぞれ独自の体制を構築しており,その結果として主要業績指標に関しても三社三様であることが分かる.たとえば,松下電器産業の場合,本社は事業ドメイン会社に対してCCMとキャッシュ・フロー中心に業績評価を行っているが,逆に言えば,このことは他の事項に関しては大幅な自律性を事業ドメイン会社に保証していることを意味する.このような松下電器産業のあり方に対して,シャープにおいては損益予算による厳格かつ詳細な管理が行われている.三洋電機の場合も,収益性,効率性,生産性,安全性,成長性など,さまざまな要因を総合評価する形で業績評価が行われている.

次に,174頁に掲げた図表6-4は,3社における海外子会社の管理の仕組み,予算管理のあり方,国際的な財務管理について要約したものである.この図表からも,各社がそれぞれのグローバル戦略の展開に応じて特徴ある経営管理の仕組みを構築し,運営していることが理解できる.

そこで次に検討する問題は,戦略とマネジメント・スタイルとの適合性である.いかなる戦略がいかなるマネジメント・システムと適合するのであろうか.

### 3.3 グローバル企業のマネジメント・スタイル

山本は,Goold の見解に準拠して,親会社の事業部門に対するマネジメント・スタイルに関して次の三つを識別している(山本,2002;Goold and Campbell, 1987;Goold et al., 1994).

① 財務的コントロール・スタイル(financial control style)
② 戦略的計画設定スタイル(strategic planning style)

第6章 国際管理会計の課題と展望 173

図表6-2 調査結果の比較(1)

|  | 松下電器産業 | シャープ | 三洋電機 |
|---|---|---|---|
| 戦略 | グローバル連結経営 | 資金ポジションを重視した連結経営 | 連結グループ経営 |
| 組織形態 | 事業ドメイン制にもとづくグローバル・マトリックス構造(横軸は事業ドメイン会社によるグローバル連結経営戦略の実行と,縦軸は地域統括会社による地域総連結成長戦略の実行) | 事業本部制にもとづく製品別グローバル構造 | カンパニー制を内包する形での,企業グループ制とビジネス・ユニット制 |
| グローバル活動の管理担当部門 | 地域統括会社とグローバル&グループ本社ならびに事業ドメイン会社 | 海外事業本部と各製品事業部 | グローバル営業グループと各カンパニー |

図表6-3 調査結果の比較(2)

|  | 松下電器産業 | シャープ | 三洋電機 |
|---|---|---|---|
| 活動に関する責任・権限 | 海外の各地域統括会社(持株会社として設立)が当該地域内のグループ会社への直接投資とその回収管理,海外の各税務当局への申告・納税などについて責任を負う.各地域統括会社は各地域においてグローバル&グループ本社を代行する. | 海外事業活動の経営管理(海外事業に関する重要な意思決定,たとえば海外販売会社の統括・管理,海外事業拠点の再編,新規海外事業拠点の設置など)は,日本にある海外事業本部が実行する.また,複数の事業部の指揮・管理下にある海外製造会社に対して支援活動も行っている. | グローバル営業グループは国内営業統括本部と海外・OEM営業統括本部とから構成され,後者が製品別の企業グループにより各々独自に管理される製造拠点を販売地域別にグルーピングし,グローバルな視点で製造と販売とのマトリックス構造を形成している. |
| 業績指標 | CCM キャッシュ・フロー | 損益予算の諸項目 | 収益性,効率性,生産性,安全性,成長性をウエイトづけし,総合評価する. |

図表 6-4 調査結果の比較 (3)

|  | 松下電器産業 | シャープ | 三洋電機 |
|---|---|---|---|
| 海外子会社の管理 | 事業ドメイン会社が海外の単品製造会社の親元として当該会社を管理する．<br>海外の複品製造会社は，地域統括会社をその親元としてその管理下に入っている． | 販売活動については国際事業部構造（海外販売会社は海外事業本部のもとに統合・管理されている）を採用しているため，地域統括会社は存在せず，各地域の代表的な販売会社が各地域の海外子会社の支援活動を行っている．<br>各事業本部は海外製造会社製造する当該事業部の製品関連データを収集し，それのもとづく予算編成と経営管理を行っている． | グローバル営業本部が地域本部（各地域における本社の出先機関）を統括し，各地域の営業体制を統合している．<br>三洋セールス・アンド・マーケティング(株)が三洋電機の貿易部門として存在．<br>海外事業体には各カンパニーが出資して設立することが基本． |
| 予算管理 | 海外販売会社と海外の複品製造会社は現地通貨による事業計画案を作成し，それを地域統括会社に提出し，承認を受ける．<br>単品製造会社は現地通貨による事業計画案と同円換算計画案を事業ドメイン会社に提出し，承認を受ける．<br>海外子会社は月次決算を実施し，現地通貨による実績を月次計画および前年実績と比較する． | 基本は損益予算重視．<br>販売に関しては海外事業本部主導で各計画原案を調整し，最終案を策定する．<br>製造に関しては，最終的には各計画原案を各事業部・事業本部が調整し，最終案を策定する． | 連結予算と各カンパニー予算は損益計算書・貸借対照表・キャッシュ・フロー計算書に関して月次で編成され，各ビジネス・ユニット予算は損益計算書項目と在庫を中心に編成されている．<br>向こう3年分の予算を毎年編成するローリング方式を採用し，社内資本金制度およびSVA（三洋版経済的付加価値）も採用してる． |
| 財務 | 金融統括子会社（オランダ）が各地域の金融子会社を統括し，グローバルに一括管理している． | 為替リスク管理および資金調達などの財務関連事項は本社の財務管理部門が責任を負う． | 本社財務部のもとにある海外金融会社が税金と為替ヘッジなどを担当する． |

③ 戦略的コントロール・スタイル (strategic control style)

　第一のマネジメント・スタイルは財務的コントロールであり，それは，個々の事業部門における戦略の策定に関わることを避け，予算管理による短期的なコントロールに集中するという経営管理スタイルである．このようなマネジメント・スタイルの場合，親会社の役割は予算管理システムを通して各事業部門の財務業績を厳格にモニターすることにある．したがって，親会社と事業部門の関係は，それが子会社の形態であれ，社内資本金制度などによる事業部制であれ同様で，事業部門が親会社から資本の提供を受け，それをもとに事業活動を行い，その果実として親会社に利益を配当するという関係として理解される．そこでは，親会社は所有・支配関係（オーナーシップ）にもとづき各事業部門に対して影響力を発揮する．そして，その際の最大関心事は日常業務の改善による収益性向上である．

　グローバル企業の場合，このマネジメント・スタイルは海外子会社の自律を前提とした親会社・子会社の連携モデルとして特徴づけることができ，Bartlett and Ghoshal のいうマルチナショナル経営（進出先ごとに自主性や自律性を重視した経営管理を行うという多国籍企業の経営管理）に適合するマネジメント・スタイルである（Bartlett and Ghoshal, 2000）．

　第二のマネジメント・スタイルは戦略的計画設定であり，それは戦略的な分析を常時重視する経営管理スタイルである．このような経営管理スタイルの場合，親会社は大規模な戦略計画と資本予算を連結企業グループ全体で編成し，そのシステムを通して各事業部門における計画設定や意思決定に深く関わり，各事業部門の管理者に積極的に影響を及ぼす．したがって，親会社による積極的なリーダーシップの発揮（個々の事業部門の諸事業を全体最適へと向けて繋ぎ合わせることによりシナジー効果を獲得するよう努力すること）がこのタイプのマネジメント・スタイルの特徴である．

　グローバル企業の場合，このマネジメント・スタイルは海外子会社の自律性を軽視した親会社中心の戦略分析モデルとして特徴づけることができ，Bartlett and Ghoshal のいうインターナショナル経営（技術革新を重視し，技術や

戦略にもとづく世界的な規模での競争優位性の確立を目標とする多国籍企業の経営管理）に適合するマネジメント・スタイルである（Bartlett and Ghoshal, 2000）．

　第三のマネジメント・スタイルは戦略的コントロールである．これは財務的コントロールと戦略的計画設定という両極端の中間に位置する経営管理スタイルである．この経営管理スタイルの場合，親会社は独断専行的な管理を回避し，各事業部門の自律性を尊重するが，他方において，事業の重複などがないように連結企業グループ全体の事業ポートフォリオ戦略を調整し，最終的な戦略を策定する．そして，一定の財務指標によって事業戦略を進捗度を認識・測定・判断するのである．

　グローバル企業の場合，このマネジメント・スタイルは海外子会社の自律を前提とした親会社・子会社の連携モデルと戦略分析モデルの両者を統合した統合的戦略創発モデルとして特徴づけることができ，Bartlett and Ghoshal のいうトランスナショナル経営（グローバルな視点からの統一性と国ごとの自律性・柔軟性の最適なバランスを追求しようとする多国籍企業の経営管理）に適合するマネジメント・スタイルである（Bartlett and Ghoshal, 2000）．

　なお，Bartlett and Ghoshal はマルチナショナル経営，インターナショナル経営，トランスナショナル経営以外に，グローバル経営を識別する．グローバル経営とは，本国の親会社が重要な意思決定をすべて行うとともに，親会社にほとんどの機能を集中させるという中央集権的な多国籍企業の経営管理である（Bartlett and Ghoshal, 2000）．中央集権とともにそれによるコスト優位性の確立，ならびに業務活動中心の創発型戦略がこのタイプの経営管理スタイルの特徴である．山本も論じているように，Bartlett and Ghoshal のいうグローバル経営では，もしも親会社で質の高い決定を行うことができれば，あとはそれを海外子会社が実行するだけでよいので，情報処理という点だけで言えば，それはきわめて効率的な経営管理スタイルであるといえる（山本，2002）．しかし，各海外子会社の自主性・自律性や独自性（さらには文化特性）は無視されることになる．

本企業調査専門委員会の調査した3社の場合，松下電器産業は本国中心主義の傾向が依然として存在するものの，グローバル連結グループに関してはトランスナショナル経営を志向しており，基本的には戦略的コントロールを実施しているといえる．それに対して，シャープならびに三洋電機は本国中心主義のグローバル経営を行っている．本社の管理会計システムが世界中で適用されるとともに，本社において必要とされる会計情報のみがグループ内で処理されているからである（山本，2002）．

### 3.4 組織のマトリックス化が管理会計に及ぼす影響

これまでの検討で明らかにしたように，本企業調査専門委員会が調査した松下電器産業，シャープ，三洋電機のいずれにおいても，企業活動のグローバル化に伴って何らかの形で企業組織のマトリックス化が促進されていることが確認された．3社とも，ある程度恒常的な形で各事業部門が二つの権限ラインを持つように組織設計がなされている．淺田によれば，マトリックス組織は，権限構造の二重性から来る調整の困難性を抱えた組織として捉えるよりも，市場原理と組織原理を絶えずバランスさせ，ネットワーク組織として市場に近いところで適応することと，組織としてのコア競争力を巧みに強化することの矛盾をうまく解決する仕組みとして，これを理解する必要がある（淺田，1999）．

淺田や挽が明らかにしているように，NEC（日本電気株）の場合，製造事業部（製品という視点）とは別に営業事業部（地域・顧客という視点）を置き，製品と地域・顧客という二つの軸からなるマトリックス組織を形成している（淺田，1999；挽，1995）．われわれが調査した三洋電機も海外事業に関してはこれと同様の組織形態を採っている．この点に関しては，淺田が指摘しているように，NECの場合は，製造と営業という異なるフェイズを担当するという点，また，利益センターは製品事業部のみであって，そして製品事業部を中心にした調整が行われているため，NECは本格的なマトリックス組織構造ではなく，その結果として二つの権限ライン間で大きなコンフリクトは発生しないと思われる（淺田，1999）．

178　第2部　国際管理会計の実態

しかし，松下電器産業の場合，グローバル・マトリックス構造をとり，各組織単位はCCMとキャッシュ・フローなどの業績評価指標によって評価される利益センターや投資センターである．したがって，権限構造の二重性から来る調整の困難性を解消する必要があり，そのための仕組みが不可欠である．淺田はこの点に関して，以下の要素を列挙している（淺田，1999）．

① 利益概念（投資責任までも含む）の分散化
② 各会計責任センターへの公平で自律化を促す評価への試み
③ 外部資本市場からの目標や要求に対する，受容と対応
④ 組織構成員への動機づけの重視とチーム的なマネジメント
⑤ チーム間の競争とチーム間の協力のバランス

淺田が問題提起しているように，たとえば事業と地域のつながりという二つの関係への組織の同時的な対応は，業績評価，報酬システム，人事など，管理会計システムに関わる諸領域に大きな改革を求めているように思われる（淺田，1999）．かかる視点からの国際管理会計に関する研究が今後さらに求められる．

## §4　国際管理会計実務の調査研究に関して残された課題

既述したように，われわれは以下のような7つの課題を明示し，そのうち課題4，課題5，課題7についてわが国のグローバル企業3社を対象として調査研究を行った．

① 課題1：海外直接投資をどう評価するか．
② 課題2：現地での資金調達をどうするか．
③ 課題3：本社のシステムや知識をどう海外移転するか．
④ 課題4：海外子会社の予算をどう編成し，管理するか．
⑤ 課題5：海外子会社の業績をどう評価するか．
⑥ 課題6：海外子会社の現地での経営はどうあるべきか．
⑦ 課題7：企業グループとしてのグローバル経営ならびにグローバル戦略はどうあるべきか．

したがって，課題1，課題2，課題3，課題6に関しては未検討である．これらの課題に関しては今後さらに調査研究を進める必要があることは言うまでもない．そこで，以下では，今後研究すべき課題を列挙しておく．

先ず，第一の課題として掲げるべきは，グローバル企業の価値創造経営を支援する会計に関連する諸問題である．グローバル企業の企業価値最大化に着目すると，グローバル事業機会の分析に関する研究が不可欠であろう．企業価値創造という目標の達成のために，グローバル企業はいかなる事業機会をどのように獲得するのか，そのターゲットとなる市場と製品・サービスの選択，投入すべき経営資源量など，さまざまな企業価値影響要因を分析する必要がある．たとえば，グローバルなレベルでのSWOT分析の応用も考えられる．内部分析（資源，ケイパビリティ，コア・コンピタンス，価値連鎖分析，PPM，ベンチマーキングなど）ならびに外部分析（産業分析，市場分析，環境分析など）と会計情報との関係も重要な研究課題である（宮本，2003）．また，グローバルな視点での買収と合併に関連した会計問題や市場参入戦略（場合によっては，撤退戦略）に関してもより詳細な実態調査の実施が必要である．

第二の課題はグローバル・マーケティング戦略を支援する会計に関連する諸問題である．グローバル・ブランド・マネジメントの効果的な実行を会計はいったいどのように支援することができるのであろうか．インタンジブルズ（知識資産や無形資産など）の会計的な認識・測定，ならびにそれらの管理の支援などは，管理会計にとってますますその重要性を増している研究領域である．

第三の課題はグローバル生産戦略を支援する会計に関する諸問題である．生産機能の国際化や日本での生産システムの海外移転，さらにはグローバル市場への柔軟な対応や製品品質の保障，あるいは国際的なグリーン調達など，多くの重要な問題がある．本委員会の調査研究は，これらに関してはまったく触れることができなかった．

第四の課題はグローバルSCMあるいはグローバル・ロジスティクスに関する問題である．特に，グローバル情報ネットワークに関する問題は重要な研究

課題である．組織間管理会計といった新しい管理会計領域の出現はこれらの問題点の重要性を顕著に示している．たとえば，坂上はネットワーク環境下における経営組織と会計の関係に注目し，グローバル・ネットワーク環境下でのコントロール・システムとして，伝統的な資本の論理による支配構造ではなく，資源依存関係を中心に検討している（坂上，1997）．情報のグローバル化がもたらす企業環境の変化やグローバル・ネットワーク環境の変化がもたらす経営組織の変化あるいは組織間関係論や資源依存パースペクティブなどは重要な研究課題である．特に，グローバルな情報ネットワークを研究対象とする場合，オブジェクト指向手法の可能性は無視できない研究課題である．

第五の課題はグローバル研究開発戦略・技術開発戦略に関わる会計の問題である．イノベーションあるいは技術革新による新製品開発，さらには市場のグローバル化と技術の標準化や技術利用のネットワーク化は，グローバル戦略上きわめて重要な戦略要因である．これらの要因と会計との関係，たとえばこれらの意思決定に貢献できる会計情報や研究開発の海外移転とその投資額の回収管理などは，今後の管理会計研究にとってきわめて重要な研究領域である（伊藤，2004）

第六の課題はグローバル製品企画・開発戦略を支援する会計である．グローバルな視点での製品開発の集中と分散が管理会計研究にとって重要な課題であることは当然である（伊藤，2004）．たとえば，製品開発段階でのコスト・マネジメント活動である原価企画は，わが国企業の競争優位性の源泉の一つであり，注目すべき経営管理手法である．一般的に，原価企画は日本的な組織運営方式から生じたものであるから，欧米における組織運営方式とは必ずしも適合しないといわれている．しかし，岡野と清水が論じているように，原価企画は世界標準としての管理会計になりうるといえ，原価企画はわが国企業だけではなく，海外の企業とのインターラクションの中からも新しい形で展開される可能性がある（岡野・清水，1997）．また，製品開発マネジメントに関連したわが国のグローバル企業における問題点として，加登は品質至上主義を掲げ，過剰品質，TQC活動の逆機能，そして原価企画／JIT生産システムの文化摩擦

に言及している．昨今のわが国製造企業の不祥事を考えると，隔世の感が強い（加登，1997）．

　第七の課題として，グローバル化の進展と国際財務にも注目する必要がある．たとえば，為替リスク管理に関して，為替リスクの種類，為替リスクのヘッジと投機，グローバル・キャッシュ・マネジメント・システムなどが重要な研究課題である．グローバル連結グループの財務管理と責任会計との関連は，特に重要なテーマである（塘，2003）．なお，為替リスク管理と会計情報に関しては宮本（1989）を，そして為替リスク管理と為替エクスポージャーに関しては宮本（2003）を，それぞれ参照されたい．

　さらに重要な課題として，最後に国際税務戦略を掲げておく．国際課税の制度（タックス・ヘイブン対策税制，外国税額控除制度，過小資本税制など）や移転価格税制は，グローバル企業の経営管理（特にタックス・プランニング）を考察する場合，無視することができない問題領域である（中田，1997）．これらに関する調査研究も不可欠である．なお，国際税務と移転価格に関しては，たとえば伊藤の研究を，そして国際振替価格と移転価格税制に関しては成道の研究を，それぞれ参照されたい（伊藤，2004；成道，1995）．

## §5　国際管理会計の展望——むすびに代えて——

　本章では，「国際管理会計」企業調査専門委員会の研究成果の概要を総括し，今後に残された研究課題について明らかにしたが，本委員会の調査研究それ自体の限界についても言及しておく必要がある．それは，本委員会による調査研究が，本社に対するインタビュー調査でしかないことである．われわれのこのような調査研究とは対照的に，中川の研究においては「日本企業において実践されてきた管理会計システムが海外子会社においてもそのままの形態で実施されるのか，あるいは現地環境に適応して改善される部分が存在するのか」が問題点として掲げられ，そのような問題意識のもと，日本本社と海外子会社の関係に着目して在タイ・在米・在欧の日系企業の子会社における管理会計システ

ムに関する実証研究が行われている（中川, 2004）.

この点に関して，かつて岩淵は業績評価に関する本社と海外子会社における認識の差に関してわが国の上場企業933社を対象とした実態調査を行っており，興味深い結果を提示している（岩淵, 1995）. すなわち，以下の点に関する認識において，本社と海外子会社との間には有意な差が認められたのである.

① 海外子会社の業績評価と海外子会社の管理者の業績評価は同じ基準で実施されている.
② 海外子会社の業績評価は当該管理者の人事考課に反映されている.
③ 海外子会社の業績評価の制度は本社のものとまったく同じである.

したがって，中川の問題提起および岩淵の実証結果から判断して，本委員会も本社だけを対象とするのではなく，海外子会社を対象とした調査研究を行う必要がある. これも今後に残された重大な研究課題である.

さらに，山本も論じているように，管理会計のような計数管理では数字の持つ客観的なイメージが強調されるけれども，同じ会計情報であってもそれが利用される文脈によってその実際の機能は変化する. したがって，国際管理会計研究も，一般化可能な環境からより状況依存的な文脈へ，ハードな構造重視からよりソフトで創発的なプロセス重視へ，定量的で客観的な情報の分析からより定性的で文化依存的な情報の解釈へと，その研究のスタンスを発展させる必要がある（山本, 2002）. かかる方向性は，必然的に文脈重視の多元的アプローチによる国際管理会計研究を志向することになる. たとえば，文化，特にナショナル・カルチャーの要因は，グローバル企業の管理会計を研究する場合には無視できない. 日本の集団主義的なナショナル・カルチャーと欧米の個人主義的なナショナル・カルチャーとの相違は，日本の本社と海外子会社との間で行われるグローバルなマネジメント・コントロールを効果的に実施する際には考慮される必要があろう（Chow et al., 1994, 1999；上埜, 1997；小菅, 1997）.

この点に関して，かつて会計フロンティア研究会および MAFNEG 研究会が，従来の国際管理会計の研究がグローバル企業の行動様式や組織構造・組織

特性を分析の枠組みに取り込んでいなかったことを問題視し，従来の「国際管理会計」という名称を「グローバル管理会計」へと改称し，新たな研究領域へと拡充することの必要性を提唱したことの重要性を今ここで再認識する必要があろう（会計フロンティア研究会，1991；MAFNEG, 1991）．これらの研究会が「グローバル管理会計」なる概念を当時新たに提唱した理由は，日本と海外という環境の相違を明確に意識することにより「日本的な管理会計」を明確化し，「日本的な管理会計」が海外でうまく機能しない部分を知り，その問題を解決することを通して「日本的な管理会計」それ自体を改善することを目指したからである．このことの意義や重要性は今も変わらない．

　また，このようなものとしてのグローバル管理会計論を構築するためにも，わが国のグローバル企業における管理会計実務に関する実態の調査調査は不可欠である．この種の実態調査や事例研究については，たとえば伊藤による日産自動車と東芝の研究（伊藤，2004），挽によるNECの研究（挽，1995），志村による横河電機と不二サッシの研究（志村，1995a，1995b），田中によるゼクセルの研究（田中，1995），および中川による日系企業の在外子会社における管理会計の研究（中川，2004）などが注目される．特にグローバル管理会計の視点から製品開発コスト・マネジメントの国際比較を行い，トヨタ，ボーイング，ダイムラー・クライスラー，マニエティ・マレーリにおける原価企画の実際を調査研究している岡野の研究成果の意義は特筆に価する（岡野，2003）．本研究をはじめ，このような研究成果の蓄積が今後さらに求められる．冒頭で述べたとおり，グローバル戦略との関係で「グローバル管理会計」が今後ますます重要視されると考えられるから，清水，宮本，そして伊藤が志向しているように（清水，2001；宮本，2003；伊藤，2004），真の意味での「グローバル管理会計」の理論は，わが国企業の実務に関する調査研究を踏まえた「グローバル戦略の実行を支援する管理会計の理論」として構築される必要があろう．

## 参考文献等

淺田孝幸. 1999. 「組織のマトリクス化と管理会計——情報通信革命とコーディネーション問題——」淺田孝幸代表編集『戦略的プランニング・コントロール——21世紀の管理会計への課題と挑戦——』中央経済社.

Bartlett, C. A. and Ghoshal, S. 2000. *Transnational Management : Text, Cases, and Readings in Cross-Border Management*, third edition, Singapore : McGraw-Hill.

Chow, C. W., Kato, Y., and Shields, M. D. 1994. National culture and the performance for management controls : an exploratory study of the firm-labor market interface, *Accounting, Organization and Society* 19 (4/5) : 381-400.

Chow, C. W., Shields, M. D., and Wu, A. 1999. The importance of national culture in the design and performance for management controls for multi-national operations, *Accounting, Organization and Society* 24 (5/6) : 441-461.

Goold, M. and Campbell, A. 1987. Many best ways to make strategy, *Harvard Business Review* 65 (6) : 70-76.

Goold, M., Campbell, A., and Alexander, M. 1994. *Corporate-Level Strategy : Creating Value in the Multibusiness Company*, New York, NY : John Wiley & Sons, Inc.

挽 文子. 1995. 「NEC 社のグローバル化とマネジメント・コントロール・システム」伊藤嘉博編『企業のグローバル化と管理会計』中央経済社, 181-196.

今木秀和. 1997. 「わが国企業のグローバル化と資金調達」吉田寛, 柴健次編著『グローバル経営会計論』税務経理協会, 236-254.

伊藤　博. 1995. 「国際化企業の予算管理」伊藤嘉博編『企業のグローバル化と管理会計』中央経済社, 43-65.

伊藤和憲. 2004. 『グローバル管理会計』同文舘出版.

伊藤嘉博. 1995. 「原価企画の海外移転」伊藤嘉博編『企業のグローバル化と管理会計』中央経済社, 89-111.

岩淵吉秀. 1995. 「日本企業のグローバル化に関する実態調査」伊藤嘉博編『企業のグローバル化と管理会計』中央経済社, 15-41.

岩淵吉秀. 1997. 「グローバル組織の経営戦略と会計」吉田寛, 柴健次編著『グローバル経営会計論』税務経理協会, 64-89.

会計フロンティア研究会. 1991. 「グローバル組織の管理会計：新しい管理会計を求めて」企業会計　43 (7)：128-134.

会計フロンティア研究会. 1994. 『管理会計のフロンティア』中央経済社.

上條秀三．1995．「海外子会社の業績評価」伊藤嘉博編『企業のグローバル化と管理会計』中央経済社，67-88．

加登　豊．1997．「グローバル組織における管理会計の実践・教育・研究の現状と課題」吉田寛，柴健次編著『グローバル経営会計論』税務経理協会，21-63．

小菅正伸．1997．『行動的予算間理論（増補第2版）』中央経済社．

小菅正伸，朝倉洋子，大原愛子．2003．「エレクトロニクス産業における日本企業の国際管理会計実務――シャープ株式会社――」商学論究（関西学院大学）50 (3)：135-163．

Landry, S. P., Chan, W. Y. C., and Jalbert, T. 2002. Balanced scorecard for multinationals, *The Journal of Corporate Accounting & Finance*, 13 (6): 31-40.

李　建．2003．「国際管理会計」門田安弘編著『管理会計学テキスト［第3版］』税務経理協会，255-270．

MAFNEG 研究会．1991．「管理会計の新展開：グローバル管理会計の模索」産業経理　51 (2)：100-110．

宮本寛爾．1983．『国際管理会計の基礎』中央経済社．

宮本寛爾．1989．『多国籍企業管理会計』中央経済社．

宮本寛爾．1992．「わが国企業の海外企業活動の拡大とその経営管理の変遷――松下電器産業株式会社のケース――」商学論究（関西学院大学）39 (3)：39-76．

宮本寛爾．1997．「松下電器産業株式会社の海外経営活動の業績評価」吉田寛，柴健次編著『グローバル経営会計論』税務経理協会，160-181．

宮本寛爾．2003．『グローバル企業の管理会計』中央経済社．

宮本寛爾，小菅正伸．2005．「国際経営組織の設計と管理会計」門田安弘編著『企業価値向上の組織設計と管理会計』門田経営会計研究所／税務経理協会，243-260．

Miyamoto, K. and Kosuga, M. 2006. Management accounting in Japanese multinational corporations: lessons from Matsushita and Sanyo, in *Value-Based Management of the Rising Sun*, edited by Monden, Y. et al., Singapore: World Scientific Publishing Co. Pte. Ltd.: 181-195.

Miyamoto, K. et al. 2005. International management accounting practices of Japanese enterprises in the electronics industry: a case study of SHARP corporation, in *Management Accounting in Asia*, edited by Nishimura, A. and Willett, R., Singapore: Thomson Learning: 189-204.

中川　優．2004．『管理会計のグローバル化』森山書店．

中田信正．1997．「移転価格税制」吉田寛，柴健次編著『グローバル経営会計論』税

務経理協会, 321-353.

成道秀雄. 1995.「国際振替価格と移転価格税制」伊藤嘉博編『企業のグローバル化と管理会計』中央経済社, 113-136.

岡野　浩. 2003.『グローバル戦略会計』有斐閣.

岡野　浩, 清水信匡. 1997.「原価企画の海外展開――世界標準としての原価企画の可能性――」吉田寛, 柴健次編著『グローバル経営会計論』税務経理協会, 112-138.

坂上　学. 1997.「ネットワーク環境下における経営組織と会計」吉田寛, 柴健次編著『グローバル経営会計論』税務経理協会, 90-111.

清水　孝. 2001.『経営競争力を強化する戦略管理会計』中央経済社.

志村　正. 1995a.「横河電機(株)の海外事業展開と管理会計」伊藤嘉博編『企業のグローバル化と管理会計』中央経済社, 197-213.

志村　正. 1995b.「不二サッシ(株)のグローバル戦略と管理会計」伊藤嘉博編『企業のグローバル化と管理会計』中央経済社, 215-231.

田中　浩. 1995.「ゼクセル社のグローバル戦略とマネジメント・コントロール・システム」伊藤嘉博編『企業のグローバル化と管理会計』中央経済社, 161-179.

塘　誠. 2003.「国際財務と管理会計」門田安弘編著『管理会計学テキスト［第3版］』税務経理協会, 271-286.

上埜　進. 1997.『日米企業の予算管理――比較文化論的アプローチ（増補版）』森山書店.

山本昌弘. 2002.『多元的評価と国際会計論』文眞堂.

頼　誠. 1997.「グローバル企業の業績評価――日本的システムの海外移転――」吉田寛, 柴健次編著『グローバル経営会計論』税務経理協会, 139-159.

# 索　引

## 欧文

ACTION-61 ……………………………50
ADR……………………………… 135
ATOM 隊 ………………………………93
BSC ……………………………… 115
CCM ………………………… 54, 68, 69
CDR ……………………………… 134
Global Headquarters …………………… 154
NASDAQ………………………… 135
OEM ……………………… 133, 162
Panasonic ………………………………73
PCC ………………………… 115, 116
PMCP ……………………………………76
SANYO EVOLUTION PROJECT
………………………… 139, 152, 154
SCM ……………………… 103, 125
Think GAIA ……… 139, 147, 152, 154

## ア行

井植歳男 ………………………… 131
一貫生産 ……………………… 110, 124
移転価格税制 …………………… 181
インターナショナル企業グループ‥141,
148, 151, 153
インターナショナル経営 ……………… 175
インタンジブルズ ……………………… 179
インフレ ………………………… 160
インベストメント・センター ………… 110
営業戦略 ………………………………73
オートマティック・アヴェイラビリティ
………………………………………77

## カ行

海外子会社の業績評価 ……………… 169
海外子会社の現地経営 ……………… 170
海外子会社の予算管理 ……………… 169
海外事業体の管理 ………………………6
海外事業単位の評価 ……………………5
海外事業担当部門 ……………… 153
海外事業本部 ……………… 110, 123
海外直接投資の経済性計算 ………… 167
外国債 ……………………………… 134
会社分割 ………………………… 149
回転在庫管理システム ……………………77
為替運営委員会 ………………… 127
為替相場 ……………………… 32, 34, 35
為替ヘッジ ……………………… 153
為替予約 ………………………… 127
為替リスク ……………………… 29, 32, 128
為替リスク管理 ……………… 127, 181
為替レート ……………………… 128
環境 ……………………………… 121
環境管理システム規格（BS 7750）… 100
カンパニー制 ……………… 139, 140, 144
管理会計 …………………………………3
企業価値創造 …………………… 179
企業グループ ……………… 140, 144, 155
企業グループ制 …… 133, 136, 140, 147,
151
技術研究開発費 ………………… 118
キャピタル・コスト・マネジメント…54
キュラソー預託証券 …………… 134
業績改善 ………………………… 151
業績評価 ……………… 115, 128, 157, 160

業務提携……………………………161
緊急プロジェクト・チーム………94, 119
グリーン・ファクトリー……………122
グローバル営業グループ………154, 173
グローバル化………………………4, 147
グローバル管理会計…………………183
グローバル企業……………………4, 19
グローバル企業の管理会計システム……3
グローバル企業の予算………………37
グローバル競争力……………………21
グローバル経営………………………176
グローバル研究開発戦略……………180
グローバル構造組織……………………8
グローバル情報ネットワーク………179
グローバル生産戦略…………………179
グローバル戦略………………………170
グローバル PSI マネジメント・システム
　………………………………………126
グローバル・マトリックス……………23
グローバル・マトリックス構造……14, 81, 178
グローバル連結経営…………………71, 170
経営基本方針発表会……………………92
経済付加価値……………………………69
原価企画………………………………180
研究開発…………………………95, 116
権限委譲…………………………68, 82
現地通貨………………………………128
コア・コンピタンス……………141, 147
コア事業…………………………148, 152
交差通貨取引……………………………29
工場別独立採算性………………………47
公職追放指定…………………………131
合成通貨…………………………………37
合成通貨の有用性………………………37
構造改革事業………………147, 148, 152

構造化次元………………………………15
綱領………………………………………45
子会社の管理…………………………135
国際管理会計…………………………165
国際管理会計システム…………………23
国際管理会計情報………………………27
国際企業…………………………………19
国際事業活動……………………………4
国際事業部構造……………………5, 122
国際税務戦略…………………………181
国際戦略………………………………151
国際通貨…………………………………38
国際的な業務提携………………136, 161
国際振替価格…………………………169
コスト・センター……………………144
コスト削減……………………………153
固定費……………………………………68
混合グローバル構造……………8, 12, 122

━━━ サ行 ━━━

在庫返品コスト…………………………77
財務体質の健全化……………………139
財務的コントロール・スタイル……172
サプライ・チェーン…………………125
三洋セールス・アンド・マーケティング
　株式会社…………………………141, 153
三洋電機株式会社……………………131
三洋電機版 EVA………………………156
直物転換勘定……………………………28
事業価値………………………………147
事業資産残高……………………………69
事業展開…………………………136, 153
事業ドメイン会社…………69, 71, 73
事業ドメイン制…………………………78
事業ドメイン別グローバル構造………81
事業部業績貢献度評価制度…………121

事業部制……………………46, 68, 122
事業ポートフォリオ………139, 147, 148
事業本部制……………………110, 144
自己資本利益率…………………116
資産効率化………………………135
実際相場…………………………35
実績の測定………………………34
シナジー効果………………151, 156
資本ガバナンス…………………68
資本コスト……………………156, 157
シャープ・ドリーム・テクノロジー…120
シャープフレンドショップ制度………90
社内金利…………………………157
社内資本金制度………………110, 156
社内レート………………………127
収益性……………………………147
集権管理……………………………7
ショート・ポジション……………28
職能別グローバル構造……………12
垂直統合型……………………111, 125
スタッフ部門……………………142
ストック型………………………120
生産移転…………………………152
成長性……………………………147
成長戦略……………………58, 72, 73
製品事業部管理者…………………10
製品別管理………………………13
製品別グローバル構造……10, 122, 127
世界的企業………………………20
セグメンテーション……………133
セグメント計算書………………132
全社戦略…………………………147
選択と集中………………140, 151, 163
戦略的計画………………………26
戦略的計画設定スタイル………172
戦略的コントロール・スタイル……172

戦略本社部門……………………141
創生21計画…………………53, 54, 57
ソーラー・アーク………………132
組織再編……………………139, 154
組織のマトリックス化…………177

===== タ行 =====

太陽電池……………………86, 116
多国籍企業……………………3, 19
多通貨会計………………………28
地域管理者…………………………8
地域戦略……………………141, 151
地域総連結経営…………………72
地域統括…………………………135
地域統括会社…………………77, 78
統括会社…………………136, 141
地域別管理………………………13
地域別グローバル構造……………8, 81
地域本部…………………………123
小さな本社………………………141
知識移転…………………………168
チャレンジ21………………139, 140
中期経営計画………139, 147, 151
超・製造業……………………53, 54
デジタル家電……………………147
投下資本コスト………………68, 69
統合監査室………………………110
投資回収率………………………71
トランスナショナル経営…………176
トランスナショナル戦略………20, 23

===== ナ行 =====

70作戦……………………………93
ネッティング……………………127

## ■ ハ行 ■

ハイアール ………… 136, 151～153, 161
発展2000計画 ………………………… 52
バランスト・スコアカード …………… 26
半導体事業 …………………… 149, 152
ビジネス・モデル …………… 148, 151
ビジネス・ユニット ………………… 136
百点満点制 …………………………… 157
V商品 ………………………… 54, 74, 75
賦課費 ………………………………… 68
フラット＆ウェブ型組織構造 ……… 53
フリー・キャッシュ・フロー ……… 116
振替価格 ……………………………… 112
フロー型 ……………………………… 120
プロフィット・センター ……… 110, 144
分権管理 ………………………………… 7
分社制 ………………………………… 46
米国店頭株式市場 …………………… 135
米国預託証券 ………………………… 135
変動費 ………………………………… 68
ポジション …………………………… 147
本国志向 ……………………………… 124
本国通貨 ……………………………… 32
本社機能のスリム化 ………………… 139
本社費 ………………………………… 68

## ■ マ行 ■

松下幸之助 …………………… 45, 131
松下電気器具製作所 ………………… 45
松下電器産業株式会社 ……………… 45
松下電機製作所 ………………… 45, 46
松下電器貿易株式会社 ……………… 46
マトリックス型 ……………………… 154
マトリックス経営 ……………… 72, 82
マトリックス構造 …………………… 118
マトリックス組織 ……………… 141, 177
マネジメント・スタイル …………… 172
マリー ………………………………… 127
マルチナショナル経営 ……………… 175

## ■ ヤ行 ■

躍進21計画 …………………… 54, 74
輸出事業部 …………………………… 5
輸出部 ………………………………… 5
予算管理 ……………………… 32, 34, 112
予算編成 ………………… 27, 32, 35, 155
予想相場 ……………………………… 35

## ■ ラ行 ■

リストラクチャリング ……………… 57
連結グループ経営 ……………… 139, 162
連結重視経営 ………………………… 116
ローリング方式 ……………………… 139
ローリング予算編成 ………………… 155
ロング・ポジション ………………… 28

# 日本管理会計学会　企業調査研究委員会本部
# 監修・編集の方針と基準

　企業調査研究委員会本部（以下，「本部」という．）は，その出版物が日本管理会計学会が出版する書物として相応しい質の水準を保持するため，かつ，本事業の継続性を維持するために，以下の基準を定める．

1. 出版を企画し希望する専門委員会は，企画着手の段階で，次の事項を記載した企画書を添えて，本部に出版企画案を申請する（書式は自由）．
    (1) 専門委員会名
    (2) 委員長名
    (3) 共著者名
    (4) 著書名
    (5) 総頁数
    (6) 著書の趣旨と具体的な企画内容
    (7) その他特徴と特記事項

2. 本部は直ちに，当該申請に応じて監修・編集委員会を編成し，この方針と基準にもとづき監修・編集・査読の観点から前項の申請書を，次の事項が示す基準その趣旨に照らし検討のうえ，その出版の可否を決定し，結果を通知する．
    (1) 出版物が実用的な方法，手続き等（またはその基礎理論）の提案を行うものであること．または
    (2) 企業または経営の現実の諸問題に対する検討と解答（またはその示唆）を示すものであること．または
    (3) その他，企業または経営に将来起こりうる諸問題を現実的，実用的に検討するものであること．または
    (4) 上記(1), (2), (3)の実証的研究ないし経験的研究であること．

3. 本部もしくは本部監修・編集委員会は，この方針と基準にもとづき出版企画案の修正，改善，変更等を求めることができる．

4. 監修・編集委員会は本部委員長，同副委員長，その他常任の1名以上

の本部委員，税務経理協会から1名，印刷会社から1名により構成される．
5. 本部は，出版企画案にもとづく投稿原稿を2名の査読者によるレフェリーを経て出版物とするものとする． 以上

〈編著者紹介〉

宮本 寛爾（みやもと　かんじ）　大阪学院大学企業情報学部教授

［略　　歴］　1968年　米国ミシガン州立大学大学院経営学研究科修士課程修了（MBA）
　　　　　　　1965年　関西学院大学商学部助手
　　　　　　　1969年　大阪学院大学商学部専任講師
　　　　　　　1974年　大阪学院大学商学部助教授
　　　　　　　1982年　大阪学院大学商学部　教授
　　　　　　　1983年　米国ミシガン州立大学経営学学部客員教授
　　　　　　　1985年　名古屋大学経済学部経済構造分析資料センター　客員研究員
　　　　　　　1989年　関西学院大学商学部教授
　　　　　　　1995年　米国ミシガン州立大学経営学学部客員教授
　　　　　　　2001年　大阪学院大学企業情報学部教授

［主要業績］　『国際管理会計の基礎』（中央経済社，1983年）
　　　　　　　『多国籍企業管理会計』（中央経済社，1989年）
　　　　　　　『原価計算の基礎』（税務経理協会，1996年）
　　　　　　　『グローバル企業の管理会計』（中央経済社，2003年）
　　　　　　　『*Value-Based Management of the Rising Sun*』（共著，World Scientific Publishing Co. Pte. Ltd., 2006年）
　　　　　　　『*International Management in Japan : Current Status of Electronics Companies*』（共著，World Scientific Publishing Co. Pte. Ltd., 2008年）

〈執筆者紹介〉

小菅 正伸（こすが　まさのぶ）　関西学院大学商学部教授

| [略　　歴] | 1983年 | 関西学院大学大学院商学研究科博士課程後期課程単位取得退学 |
|---|---|---|
| | 1983年 | 関西学院大学商学部専任講師 |
| | 1987年 | 関西学院大学商学部助教授 |
| | 1993年 | 関西学院大学商学部教授 |
| [主要著書] | | 『行動的予算管理論（増補第2版）』（中央経済社，1997年） |
| | | 『原価計算の基礎』（中央経済社，2007年） |
| | | 『Business Prosess Management of Japanese and Korean Companies』（共編著，World Scientific Pub., 2010） |

朝倉 洋子（あさくら　ようこ）　関西外国語大学英語キャリア学部准教授

| [略　　歴] | 2003年 | 関西学院大学大学院商学研究科博士課程後期課程単位取得満期退学 |
|---|---|---|
| | 2003年 | 大阪国際大学経営情報学部講師 |
| | 2007年 | 大阪国際大学経営情報学部准教授 |
| | 2008年 | 大阪国際大学ビジネス学部経済ファイナンス学部准教授 |
| | 2010年 | 関西外国語大学外国語学部准教授 |
| | 2011年 | 関西外国語大学英語キャリア学部准教授 |
| [主要業績] | | 「多国籍企業におけるコントロール・システム──トランスナショナル戦略実行を中心として──」『国際研究論叢』第17巻第2号（2004年1月） |
| | | 「多国籍企業における業績評価──EVA®とバランスト・スコアカードの統合に向けて──」『国際研究論叢』第18巻第1号（2004年10月） |

木村 麻子（きむら　あさこ）　関西大学商学部准教授

| [略　　歴] | 2004年 | 関西学院大学大学院博士課程後期課程単位取得満期退学 |
|---|---|---|
| | 2004年 | 九州産業大学商学部専任講師 |
| | 2007年 | 九州産業大学商学部准教授 |
| | 2008年 | 博士（商学）取得 |
| | 2008年 | 関西大学商学部准教授 |
| [主要業績] | | 「環境経営を構築する環境管理会計情報の可能性と今後の課題」『現代社会と会計（関西大学大学委員会計研究科）』第5号（共著，2011年） |
| | | 「情報価値創造サイクルと会計サイクル」『経理研究（中央大学経理研究所）』第54号（共著，2011年） |
| | | 『Business Prosess Management of Japanese and Korean Companies』（共著，World Scientific Pub., 2010） |

坂 手 啓 介（さかて　けいすけ）　大阪商業大学総合経営学部准教授

［略　　歴］2002年　関西学院大学大学院商学研究科博士課程後期課程単位取得退学
　　　　　　2003年　大阪商業大学総合経営学部講師
　　　　　　2006年　大阪商業大学総合経営学部助教授
　　　　　　2007年　大阪商業大学総合経営学部准教授
［主要業績］『商業簿記のエッセンス』（共著，中央経済社，2011年）
　　　　　　『情報社会の会計課題』（共著，中央経済社，2007年）
　　　　　　『管理会計概論』（分担執筆，中央経済社，2006年）

高 原 利栄子（たかはら　りえこ）　近畿大学経営学部准教授

［略　　歴］2000年　関西学院大学大学院商学研究科博士課程後期課程単位取得満期退学
　　　　　　2000年　大阪学院大学企業情報学部講師
　　　　　　2004年　同大学助教授
　　　　　　2007年　近畿大学経営学部准教授
［主要業績］『わしづかみシリーズ　監査論を学ぶ』（共著，税務経理協会，2009年）
　　　　　　『会計・監査・ガバナンスの基本課題』（分担執筆，同文館出版，2009年）
　　　　　　『まなびの入門監査論　第2版』（分担執筆，中央経済社，2010年）
　　　　　　「内部統制監査における独立監査人と監査役の連携」『商経学叢（近畿大学）』
　　　　　　第56巻第1号（2009年7月）

富 田 真 史（とみた　まさふみ）　公認会計士

［略　　歴］1998年　公認会計士2次試験合格・登録
　　　　　　2001年　関西学院大学大学院商学研究科博士課程前期課程修了
　　　　　　2002年　公認会計士3次試験合格・登録
［主要業績］『管理会計概論』（分担執筆，中央経済社，2006年）

豊 田 尊 久（とよだ　たかひさ）　日本スピンドル製造株式会社

［略　　歴］2004年　関西学院大学大学院博士課程後期課程単位取得満期退学
　　　　　　2006年　日本スピンドル製造株式会社
［主要業績］『管理会計概論』（分担執筆，中央経済社，2006年）
　　　　　　『*International Management in Japan: Current Status of Electronics Companies*』
　　　　　　（共著，World Scientific Co. Pte. Ltd., 2008年）

## 実態調査からみた国際管理会計

平成24年10月10日　発行

編著者　　宮　本　寛　爾

発　行　　日本管理会計学会
　　　　　企業調査研究委員会本部

発　売　　(株)税務経理協会
〒161-0033　東京都新宿区下落合2丁目5番13号
　　　電話　(03) 3953-3301（編集部 峯村英治）
　　　Fax　(03) 3565-3391
　　　URL http://www.zeikei.co.jp/
印刷・製本所　　(株)冨山房インターナショナル

Ⓒ　宮本寛爾　2012　　　　　　　　　Printed in Japan

本書を無断で複写複製（コピー）することは、著作権法上の例外を除き、禁じられています。本書をコピーされる場合は、事前に日本複製権センター（JRRC）の許諾を受けて下さい。
JRRC〈http://www.jrrc.or.jp　eメール：info@jrrc.or.jp　電話：03-3401-2382〉

ISBN 978-4-419-07008-3 C1063